Andreas Ochs

Sozial – Betriebswirtschaftslehre

Einführung und allgemeiner Teil

Schriftenreihe des SoWiSo - Verein für Sozial- und Gesund-
heitswirtschaft e.V.

Nähere Informationen unter www.sowiso-kempten.de.

Bibliografische Information der Deutschen Nationalbibliothek
Die Deutsche Nationalbibliothek verzeichnet diese Publikation in der
Deutschen Nationalbibliografie; detaillierte bibliografische Daten
sind im Internet über http://dnb.d-nb.de abrufbar.

2. überarbeitete Auflage

Herstellung und Verlag: Books on Demand GmbH, Norderstedt
ISBN-13: 9783837075939

Andreas Ochs   **Johannes Zacher**

Sozial - Betriebswirtschaftslehre

Einführung und allgemeiner Teil

Inhaltsverzeichnis

1 Einleitende Gedanken

Dieses Buch zur Betriebswirtschaftslehre in der Sozialwirtschaft stellt langfristig eine große Herausforderung dar. Es will weder nur eine Kurzfassung einer allgemeinen Betriebswirtschaftslehre für soziale Organisationen sein, noch eine eigene nur in sozialen Organisationen gültige Betriebswirtschaftslehre fordern, die sich von der gewerblichen Betriebswirtschaftslehre unterscheiden würde.

Wir sind vielmehr überzeugt, dass die Betriebswirtschaftslehre als eine Sozialwissenschaft und die Sozialwirtschaft als eine Wirtschaftswissenschaft eine für beide Seiten äußerst befruchtende Beziehung eingehen können. Insofern entwickeln wir eine Einführung in die Sozialwirtschafts-Betriebswirtschaftslehre, die einerseits soziale Organisationen unter dem vollen Anspruch der betriebswirtschaftlichen Herausforderungen sieht, andererseits alle Betriebe als soziale Systeme versteht.

In dieser ersten Version für Studierende der Sozialwirtschaft im ersten oder in den ersten Semestern sind wir auch in der Autorenschaft neue Wege gegangen, indem ein Diplomand und ein Professor ihre Ideen und Ausdrucksweisen zusammengetragen und integriert haben, um so möglichst vielen Lesern Zugang und Verständnis zu ermöglichen. Besonderer Dank gilt auch Bernadette Miller, die das Kapitel deskriptive Planungsmodelle beigetragen hat. Gerne suchen wir den Austausch mit der Leserschaft und sind für Anregungen dankbar.

1.1 Inhalt des Buches

Wie Sie sicher schon wissen, besteht der Modulbereich Betriebs-wirtschaftslehre im ersten Semester aus drei Teilbereichen:

Ein Teilbereich befasst sich mit dem Rechnungswesen, ein Teil mit mathematischen Modellen und ein weiterer – eben dieser, um den es nun hier gehen soll – mit einer allgemeinen Einführung in die Be-triebswirtschaftslehre.

Inhalt dieses Teils – und damit verbunden auch der Lehrveranstal-tung – sollen die grundsätzlichen Erkenntnisse, Annahmen und Her-angehensweisen in der Betriebswirtschaftslehre sein.

Des Weiteren lernen Sie verschiedene Aufgabenstellungen und In-halte sowie dazugehörige Methoden kennen und erfahren Entschei-dungen nach ihrer Art zu sortieren und Betriebsfunktionen zuzuord-nen.

1.2 Umgang mit dem Buch

Dieses Buch soll dazu dienen, Ihnen die Lehrinhalte der Veranstal-tung in Grundzügen zu vermitteln und eine Orientierungshilfe wäh-rend der gesamten Zeit der Vorlesung bieten.

Da sich jedoch jede Vorlesung durch die Interaktion mit den Studie-renden und ihren ganz persönlichen Erfahrungen immer individuell entwickelt, kann dieses Buch nicht alle Lehrinhalte vollständig ab-decken.

Daher kann dieses Buch weder die Teilnahme an den angebotenen Vorlesungen noch die eigenständige Auseinandersetzung mit den Themen insbesondere durch Rezeption von Literatur ersetzen.

1.3 Didaktischer Aufbau

Die einzelnen Kapitel des Buchs befassen sich mit jeweils zusammenhängenden Themen einer spezifischen Fragestellung aus dem Bereich der Betriebswirtschaft.

Anhand der einzelnen Kapitel werden Sie immer weiter in die Grundlagen der Betriebswirtschaftslehre eingeführt; die Fragestellungen der Kapitel wurden so gewählt, dass sie auf einander aufbauend sind. Somit wird im Laufe der Vorlesungen ein „Haus der Betriebswirtschaft" aus einzelnen Werkzeugen entstehen, die im alltäglichen Arbeitsumfeld einer Sozialwirtin[1] benötigt werden.

Um eine möglichst gute Theorie-Praxis-Verschränkung zu gewährleisten und Ihnen möglichst praxisnahes Wissen zu vermitteln, wird im Anschluss an jedes Kapitel das gelernte Wissen an einer praxisnahen Fallstudie (vgl.: 2. Fallstudie) angewandt.

Abschnitte mit Praxisbezug sind mit diesem Symbol gekennzeichnet:

Aus didaktischer Sicht behält man neues Wissen am besten, wenn man es nicht nur gehört oder gelesen, sondern es auch selbst angewendet hat. Dazu sollen die Aufgaben am Ende eines jeden Kapitels dienen.

Die Aufgaben stellen gleichzeitig eine Möglichkeit dar, sich vertieft mit den jeweiligen Themen auseinanderzusetzen und sich bereits

---

[1] Werden in diesem Buch weibliche Bezeichnungen verwendet, ist – soweit dies sinnvoll ist – stets auch die männliche gemeint und umgekehrt.

während der Vorlesungszeit gezielt auf die Prüfung vorzubereiten.

Aufgaben erkennen Sie an diesem Symbol: **-??-**

1.4 Umgang mit Literatur

In der Bibliothek der Hochschule finden Sie zahlreiche Literatur. Suchen Sie am Anfang und für grundsätzliche Fragestellungen im Bereich der *Allgemeinen Betriebswirtschaft* (in der Regel: Kennung QP 120[2]). Dort finden Sie auch eine große Sammlung an Handwörterbüchern, die Ihnen während des gesamten Studiums wertvolle Grundsatzartikel zu den verschiedensten Themen liefern.

Für Verfeinerungen und die besondere Anwendungen der Betriebswirtschaft in der Sozialwirtschaft finden Sie unter der Kennung DS interessante Veröffentlichungen.

Es ist zu empfehlen, dass Sie sich ein Grundlagenwerk anschaffen, das Sie während des gesamten Studiums und dem späteren Berufslebens begleitet.

Die große Auswahl an solchen Werken macht es möglich, das Buch auszuwählen, das Ihnen von Aufbau und Schreibstil am besten gefällt.

Scheuen Sie sich nicht vor einem dicken Buch, es handelt sich dabei um umfassende Grundlagenwerke. Sie müssen nicht alle einzelnen Aspekte beherrschen, haben jedoch die Möglichkeit, schnell etwas nachzuschlagen.

---

[2] Zur Bedeutung dieser Kennungen und weiteren nützlichen Informationen zur Literaturrecherche bieten die Bibliotheksmitarbeiter zum Anfang eines jeden Wintersemesters einen kleinen Einführungskurs an.

1.5   Literaturempfehlungen

Sehr zu empfehlen ist speziell zur Auseinandersetzung mit den betriebswirtschaftlichen Theorien im Kontext der Sozialwirtschaft das Buch: Fleßa, Steffen: Helfen hat Zukunft, Göttingen 2006. Es behandelt auf eigene Weise viele ähnliche Themen wie dieses Buch.

Weitere, zur Erstellung dieses Buchs verwendete, Literatur finden Sie im Abschnitt *Literaturverzeichnis* am Ende dieses Buchs.

Natürlich müssen Sie diese Bücher nicht alle für die Veranstaltung lesen, aber die Übersicht soll Ihnen eine Orientierung bieten, wenn Sie sich in das ein oder andere Thema weiter vertiefen möchten.

2 Fallstudie „Verein freundliches Kempten"

Vor den theoretischen Kapiteln stellen wir Ihnen folgenden (selbstverständlich unkenntlich gemachten) Fall vor, der Ihnen aufzeigen
soll, welche Fragestellungen auf zukünftige Sozialwirtinnen zu-
kommen. Er zeigt augenfällig die Vernetztheit von inhaltlichen,
5   organisatorischen und finanziellen Fragestellungen. Im Laufe der
Untersuchung wird zu differenzieren sein, welche der Fragen und
Probleme in dieser Fallstudie betriebswirtschaftlich zu nennen sind
und welche Hilfsmittel die BWL zur Verfügung stellt, dieser Fragen
eine Lösung zuzuführen.
10

Der Fall:

Der „Verein freundliches Kempten" betreibt eine Bürgerbegeg-
nungsstätte, eine Kinderbetreuung und einen Altenservicedienst.
Alles Weitere sollen Sie bewusst zunächst aus der studentischen
15   Perspektive wahrnehmen und nicht aus einer perfekten Draufsicht.

Aus einem Praxisbericht einer Sozialwirtschaftstudentin finden wir
folgende (strukturierte?) Beschreibung der aktuellen Situation des
Vereins:

20   „In der Begegnungsstätte arbeiten eine Sozialwirtin, eine Sozialarbeiterin, eine halbe Verwaltungsangestellte und zwei Zivildienstleis-
tende. Diese Zivis schenken Getränke aus, die Sozialarbeiterin ist
für psychische Probleme der Besucher zuständig und die Sozialwirtin für alle Fragen, bei denen es um Geld, Unterstützungsleistungen

25 und Vermittlungen an Institutionen geht. Sie ist auch die Chefin für
alle. Der Zulauf ist gering. Die Zuschüsse drohen zu versiegen.

Fünfzig Meter weiter hat der Verein eine Wohnung gemietet, in der
vier halbtags beschäftigte Erzieherinnen die Kinderbetreuung be-
30 treiben. Diese findet täglich von 11.00 bis 18.00 statt und ist im
Wesentlichen für Schüler gedacht. Die Erzieherinnen beraten auch
die Eltern in Erziehungsfragen und nehmen jedes Kind sehr ernst.
Sie treffen Entscheidungen nur gemeinsam, weshalb sie jeden Tag
von 10.00 bis 11.00 eine Teamsitzung abhalten. Am Dienstag be-
35 ginnt das Team schon um 8.00. Sie ärgern sich immer über die zentrale Verwaltung, die allerhand Formalismus verlangt. Außerdem
erwartet die Verwaltung eine Gruppenbelegung von mindestens 30
Kindern am Tag.

40 Der Altenservicedienst ist im Industriegebiet am Rande der Stadt
angesiedelt. Er betreibt Essen auf Rädern, wozu das Essen vom
Krankenhaus gekauft und abgeholt und an die Gäste ausgeliefert
wird. Außerdem werden hausmeisterähnliche Dienste, Hundever-
sorgung, Beaufsichtigung von verwirrten Menschen, Essenszuberei-
45 tung, Einkaufen, Putzen und leichte pflegerische Dienste angeboten.
Die Firma hält fünfzehn Fahrzeuge vor. Dafür beschäftigt sie eine
Kfz-Mechanikerin zur Instandhaltung, Wartung sowie Betankung.
Außerdem sind 25 angelernte Kräfte im Einsatz. Sie sind nach
Stadtteilen und Straßenzügen eingeteilt und müssen alle anfallenden
50 Aufgaben erledigen können. Jeweils für fünf Mitarbeiter gibt es
einen Gruppenleiter, der zumindest eine abgeschlossene Ausbildung

haben muss. Er ist zur Hälfte seiner Zeit im Einsatz, zur Hälfte ist er freigestellt für Leitungsaufgaben. An der Spitze steht eine Sozialwirtin, die sich um Marketing und rechtliche Fragen kümmert. Sie

55 ist auch verantwortlich für eine effiziente Arbeitsweise. Sie erwartet ein hohes Tempo und hohe Umsätze. Außerdem macht sie Kontrollfahrten, um Schlamperei, Trödelei und Missbrauch von Dienstzeiten aufzudecken. Jeder Mitarbeiter muss jeden Abend einen schriftlichen Bericht beim Gruppenleiter abgeben. Am späten Abend kom-

60 men die Gruppenleiter einzeln zur Sozialwirtin und legen Rechenschaft über das Tagesgeschäft ab. Entscheidungen über Zuteilung von Kunden, Änderungen der Route trifft nur sie. Der Fuhrpark ist ebenfalls ihr unterstellt. Ihr Gehalt ist von Umsatz und Gewinn der Abteilung abhängig.

65

Die Verwaltung ist ein eigener Bereich an einem eigenen Standort. Sie versteht sich als Dienstleistung für alle. Sie macht Buchhaltung, Fakturierung und Personalabrechnung für alle. Sie kümmert sich insbesondere auch um Zuschüsse von der Stadt. Sie ist direkt dem

70 Vereinsvorstand unterstellt. Sie darf den Einrichtungen keine Weisungen geben, aber Vorschriften zu allen Formularangelegenheiten der Verwaltung sind zu befolgen. Die Verwaltung wird vom Vorstand als Sicherheit und Kontrolle gesehen und ist daher keinem Teilbereich unterstellt. In der Verwaltung arbeiten fünf Mitarbeiter

75 und eine Chefin. Je zwei können sich gegenseitig fachlich vertreten. Ihre Zuständigkeit richtet sich nach fachlichen Abläufen. Eine Unterteilung nach den Einrichtungen findet nicht statt. Höchstes Ziel ist eine Super-Routine, um die schwierige Aufgabe reibungslos zu

erledigen. Von Kundenkontakten werden sie nicht gestört. Die Zu-

80 sammenarbeit mit der Verwaltungskraft der Beratungsstelle klappt

erstaunlich schlecht, wie ich als Praktikantin leidvoll erfahren muss-

te."

Weiter wurde in Erfahrung gebracht: Der Vereinsvorstand besteht

85 aus 7 Personen. Sechs sind pensionierte Lehrer, die vor zwanzig

Jahren an der Gründung des innovativen Vereins im „Generationen-

übergreifendem Konzept in regionaler Verantwortungsbereitschaft"

(Allgäuer Allgemeine 1986) mitgewirkt haben. Ein Mitglied im

Vorstand wurde erst jüngst dazu gewählt. Sie studiert Sozialwirt-

90 schaft an der Hochschule und suchte ein Feld, um sich praxisnah zu

engagieren. Als Vorstand erhält sie Einsicht in die Bücher und er-

kennt mithilfe von Prof. Rauch, dass der Verein kurz vor dem Kon-

kurs steht.

Der Vorstand berät monatlich im Wechsel in je einer der vier Stand-

95 orte. Der Vorstand bedauert, dass er wenig Einfluss auf die Geschäf-

te nehmen kann. Lediglich die Beschaffung von Autos und die Zu-

stimmung zu Personalanstellungen sieht er laut Satzung als Vor-

standsaufgabe. Damit verbringt der Vorstand auch die meiste Zeit.

Konkret prüft er dabei Farbe und Modell der Autos und führt Perso-

100 naleinstellungsgespräche mit Bewerbern, die von den Abteilungen

zum „Absegnen" geschickt werden.

Das junge Vorstandsmitglied fragt nun seine Kommilitoninnen, was

zu tun ist, was zu lernen ist, was zu überlegen ist, um den Verein mit

105 seinen einst guten Ideen und mit seinen Tätigkeitsfeldern zu retten.

3 Theoretische Überlegungen

Bevor Sie sich mit den eigentlichen Themen der Betriebswirtschaft in der Sozialwirtschaft auseinander setzen, müssen – auch wenn es etwas trocken anmutet – erst theoretische Grundlagen geklärt werden um somit ein gemeinsames Verständnis für die Begrifflichkeiten zu schaffen, die Sie während des gesamten Buches begleiten werden.

3.1 Das System der Wissenschaften und die Betriebswirtschaftslehre in der Sozialwirtschaft

„Die Betriebswirtschaftslehre ist eine eigenständige wirtschaftswissenschaftliche Disziplin", so eröffnet Wöhe (2005, S. 1) den ersten Abschnitts seiner „Einführung in die Allgemeine Betriebswirtschaftslehre".

In diesem Kapitel werden Sie erfahren, wie die Betriebswirtschaftslehre im Verhältnis zu anderen wissenschaftlichen Disziplinen zu sehen ist, zuvorderst bleibt aber zu klären, was überhaupt eine *Wissenschaft* ausmacht.

Allen Wissenschaften ist zu Eigen, dass sie zwei globale Zielsetzungen verfolgen:

Das eine, so genannte *kognitive*[3] *Ziel*, leitet sich daraus ab, dass der Mensch „etwas tut um etwas zu erfahren" (Lorenz, 1980, S. 75). Er

---

[3] kognitiv leitet sich vom lateinischen Wort „cognoscere" ab, das „erkennen" bedeutet.

wird als Neugierwesen gesehen; der Mensch strebt also danach, wissenschaftliche Erkenntnis zu erzielen.

Das andere, so genannte *praktische Ziel*, geht davon aus, dass der Mensch nach Lageverbesserung strebt. Hier steht die Beherrschung des natürlichen und sozialen Geschehens im Vordergrund (Bea, Dichtl, & Schweitzer, 2000, S. 83)

Beide Ziele stehen in engem Zusammenhang; denn ohne die theoretische Erkenntnis, die eben durch das kognitive Ziel erreicht wird, ist ein erfolgreiches Beherrschen des natürlichen und sozialen Geschehens, also die Erreichung des praktischen Ziels, nicht möglich.

Nachdem Sie nun im Groben wissen, was Wissenschaften ausmacht, betrachten wir, in welchem Verhältnis die Betriebswirtschaft zu anderen Disziplinen steht; wo sie sich also im *System der Wissenschaften* wieder findet.

Wie Sie sicher erahnen können, haben sich nicht alle Wissenschaften gleichzeitig und gleichförmig entwickelt, somit kann auch ein solches System von Wissenschaften nicht fest vorgegeben oder, anders gesprochen, sind die Wissenschaften nicht nach einem festen Plan entstanden, sondern haben sich über Jahrhunderte unabhängig von einander entwickelt. Teilen wir nun also die Wissenschaften in ein bestimmtes System ein, so kann dies nur ein Versuch sein, die aktuell existierenden Wissenschaften nach bestimmten Kriterien zu systematisieren. Als ein geeignetes Kriterium Wissenschaften einzuteilen hat sich der *Gegenstand* der Wissenschaften herausgestellt. (Wöhe, 2005, S. 10)

Auf erster Ebene werden Wissenschaften nach Ideal- und Realwissenschaften unterteilt.

„Die Objekte der *Idealwissenschaften* werden vom Denken geschaffen, das heißt sie sind nicht unabhängig vom Denken gegeben." (Wöhe, 2005, S. 10) Nur wenn man die Regeln der jeweiligen Idealwissenschaft beherrscht, erhält man das richtige Ergebnis. Solche Idealwissenschaften sind beispielsweise die Mathematik oder die Logik.

Gegenstände der *Realwissenschaften* dagegen sind in der Wirklichkeit vorhanden, sie sind real da, und befassen sich mit „raum-zeitlich feststellbaren Tatsachen und Problemen" (Bea, Dichtl, & Schweitzer, 2000, S. 26)

Realwissenschaften lassen sich weiterhin in Naturwissenschaften und Geisteswissenschaften unterteilen.

Naturwissenschaften befassen sich – wie der Name bereits vermuten lässt – mit der Natur, genauer gesagt mit allen Gegenständen, die ohne das Zutun des Menschen existieren.

Sind die Untersuchungsgegenstände allerdings vom Menschen geschaffen, also Kultur – wie zum Beispiel Sprache, Religion, Kunst, Recht oder Wirtschaft – spricht man von *Geisteswissenschaften*[4].

Betrachtet man den Bereich der Geisteswissenschaften genauer, erhält man den Teilbereich der *Sozialwissenschaften*, zu dem alle Disziplinen gehören, „[…] die sich mit dem Menschen als soziales Phänomen und mit den institutionellen und organisatorischen Voraussetzungen

---

[4] Da sich die Geisteswissenschaft mit Kultur befasst, wird der Begriff häufig mit dem Begriff der "Kulturwissenschaft" synonym verwendet.

für menschliches Handeln und Zusammenleben in Gemeinschaften und Gesellschaften beschäftigen." (Wöhe, 2005, S. 12)

Zu den sozialwissenschaftlichen Disziplinen zählen die Soziologie, Sozialpädagogik, Politik oder auch die Sozialpsychologie; aber auch die Wirtschaftswissenschaften, da auch diese sich mit einem Teilaspekt des Zusammenlebens und Zusammenwirkens der Menschen befassen, das in Betrieben und Haushalten zum Zwecke der Versorgung von Menschen stattfindet.

Die Wirtschaftswissenschaften wiederum untergliedern sich in die Bereiche der Betriebswirtschaftslehre und der Volkswirtschaftslehre.

Die *Betriebswirtschaftslehre* beleuchtet – vereinfacht gesagt – das Handeln im Unternehmen und die Wechselbeziehungen einzelner Unternehmen zu ihrer Umwelt.

Die *Volkswirtschaftslehre* hingegen befasst sich mit der Gesamtwirtschaft, die, so Schneider (2004, S. 14), „[…] nicht aus der Summe aller Einzelwirtschaften entsteht, sondern eigene Problemstellungen besitzt […]".

Anders ausgedrückt hat die Betriebswirtschaftslehre eher eine mikroskopische und die Volkswirtschaftslehre eine makroskopische Betrachtungsweise (Bea, Dichtl, & Schweitzer, 2000, S. 24)

Somit lässt sich als Definiton festhalten:

Die **Betriebswirtschaftslehre** ist der Teilbereich der Sozialwissenschaften, der sich „mit den Handlungen von Personen und Gruppen beschäftigt, die im Zusammenhang mit der Produktion, dem Tausch und dem Verbrauch von Gütern und Dienstleistungen stehen." (Henderson & Quandt, 1983, S. 1)

Eine Überblicksgrafik – die nicht den Anspruch hat, eine abschließende Darstellung zu sein – soll Ihnen die Systematik der Wissenschaften veranschaulichen:

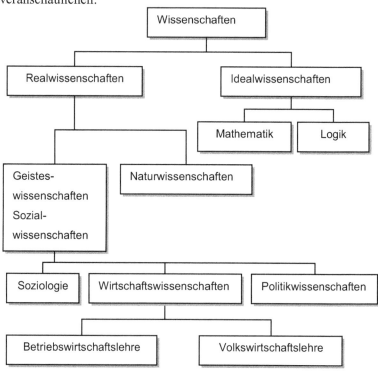

Abbildung 1: Systematik der Wissenschaften

Die Sozialwirtschaft ist in diesem Gebäude eine sehr junge Erscheinung. Sie kann zum Einen als eine integrierende Disziplin mit Anteilen aus mehreren sozialwissenschaftlichen Bereichen gesehen werden. Zum Anderen, wenn wir eng von der Betriebswirtschaftslehre ausgehen, kann sie auch den Charakter einer Teildisziplin annehmen, in der das Wirtschaften in sozialen Einrichtungen neben dem anderer Branchen (z.B.: Handelsbetriebswirtschaftslehre, Bankbetriebswirtschaftslehre) speziell untersucht wird.

3.2 Gegenstand der Betriebswirtschaftslehre

Splittet man den Begriff „Betriebswirtschaft" in seine Einzelteile, so erhält man Betrieb und Wirtschaft und hat damit bereits die Gegenstände der Betriebswirtschaftslehre im Groben umrissen.

Es geht also um das Wirtschaften in Betrieben oder auch Einzelwirtschaften.

Das Erfahrungsobjekt der Betriebswirtschaftslehre ist also der *Betrieb*. Als Definition für den Betrieb soll dienen:

> Ein **Betrieb** ist ein System aus Menschen, Informationen, Umweltbeziehungen und Sachmitteln.

Es geht jedoch nicht allein um den Betrieb an sich, sondern auch das Handeln in den Betrieben. So gibt die Betriebswirtschaftslehre Hilfestellungen, wie die einzelwirtschaftlichen Ziele optimal erreicht werden können. Erkenntnisobjekt ist somit das Wirtschaften.

> **Wirtschaften** sind „solche Handlungen und Entscheidungen von Individuen und Gruppen, die sich auf die Verwendung und den Gebrauch von nur in begrenztem Umfang zur Verfügung stehenden Mitteln beziehen, um verschiedenartige Zwecke und Ziele zu realisieren." (Sauermann, 1972, S. 17)

Auch in diesen Definitionen erhärtet sich der Befund, dass Betriebswirtschaftlehre eine Sozialwissenschaft ist, in der es um das zielgerichtete Zusammenwirken von Menschen geht.

3.3 Methoden der Betriebswirtschafslehre

Hier soll es um die Frage gehen „*wie arbeitet die Betriebswirtschafts-lehre?*", also darum, mit welchen Techniken sich neue Erkenntnisse erzielen lassen; anders gesprochen dreht sich dieser Abschnitt um wissenschaftliche Methoden mit denen bestimmte Ziele erreicht und Probleme gelöst werden können. (Schneider, 2004, S. 18)

Dazu sollen kurz zwei Methoden der Wissenschaftstheorie, die Induktion und die Deduktion, vorgestellt werden.

Bei der **Induktion** geht es darum, aufgrund von Einzelerscheinungen auf allgemeine Regelmäßigkeiten zu schließen. Es wird also versucht, eine Annahme nicht nur auf die beobachtbaren Tatbestände zu beziehen, sondern aus der Hypothese Sätze zu entwickeln, die auch auf nicht beobachtbare und zukünftige Fälle angewendet werden können. Die Sätze sollen also universellen Charakter haben.

Bei der Induktion werden also bestimmte Aussagen verallgemeinert.

Ein Beispiel:

Sie gehen in die Mensa und sehen, dass eine Brezel 40 Cent kostet, daraus schließen Sie, dass zwei Brezeln 80 Cent kosten. Daraus leiten Sie eine allgemeingültige Kostenfunktion ab, die lautet Anzahl der Brezeln multipliziert mit ihrem Einzelpreis (40 Cent) ergibt den Gesamtpreis für die erdachte Anzahl an Brezeln.

So haben Sie also aus der einen, beobachtbaren, Aussage über den Brezelpreis eine Verallgemeinerung in Form der Kostenfunktion getroffen.

Mit der Kritik zur induktiven Methode befasste sich hauptsächlich Karl Popper in seiner Theorie zum *kritischen Rationalismus*: Behauptet man auf Grund dessen, einen weißen Schwan gesehen zu haben, dass alle Schwäne weiß sind, so mag diese Hypothese durchaus korrekt sein, zumindest solange bis man einen andersfarbigen, beispielsweise schwarzen Schwan[5], gesehen hat; damit wurde die induktiv aufgestellte Theorie widerlegt; mit dem Fachausdruck gesprochen, *falsifiziert*. Die neue Hypothese lautet nun: alle Schwäne sind schwarz oder weiß; dies gilt wiederum nur solange, bis erneut ein anders gefärbter Schwan, beispielsweise ein Grüner, entdeckt wird.

Geht man **deduktiv** vor, arbeitet man genau umgekehrt. Man betrachtet allgemeine Gesetze und schließt daraus auf das Besondere. Es werden also Aussagen aus Grundaussagen hergeleitet.

Wollen Sie nun in der Mensa 4 Brezeln kaufen, bedienen Sie sich der eben aufgestellten allgemeinen Theorie und leiten daraus ab, dass 4 Brezeln 1,60 Euro kosten müssen. Sie greifen sich also die Brezeln und warten was die Verkäuferin für einen Preis errechnet. Verlangt sie nun 1,60 Euro stimmt die Theorie für diesen Einzelfall. Verlangt die Verkäuferin hingegen 1,40 Euro stimmt die allgemeine Theorie im Einzelfall nicht, beispielsweise deshalb weil Sie einen Rabatt erhalten, wenn Sie mindestens drei Brezeln kaufen.

Ein anderes sehr plakatives Beispiel könnte so aussehen:

---

[5] Zur Existenz schwarzer Schwäne, vergleiche unter anderem Wikipedia: Trauerschwan

Das allgemeine Gesetz lautet: Hexen haben rote Haare. Sie sehen, dass X. rote Haare hat und leiten ab, dass sie eine Hexe sein muss.

Im Folgenden soll nun exemplarisch eine Methode des *wissenschaftlichen Vorgehens* dargestellt werden, wie sie in der Sozialwirtschaft verwendet wird, um die Vorteile des Deduzierens und des Induzierens zu verbinden. Es werden sowohl Beobachtungen gesammelt, um daraus auf Gesetzmäßigkeiten zu schließen, als auch bekannte Theorien herangezogen, um die Möglichkeit einer Unterordnung oder Zuordnung zu prüfen.

1. Beobachtungen anstellen
2. Ordnen
3. Fragen formulieren, Thesen aufstellen (evtl. auch Antithese)
4. Theorien, Erkenntnisse, Wissenschaften hinzuziehen, Experimente anstellen, Tests durchführen
5. Auswerten der Antworten / Ergebnisse
   → *Bestätigung und Widerspruch zur These / Fragestellung*
6. Fortsetzen bei Widersprüchen
7. Differenzieren, (entspricht Ordnen) neue Fragen formuliere
8. Neue Erkenntnisse und Theorien heranziehen
9. Auswerten, Bestätigung, Widerspruch
   → *Antwortthese, Synthese*
10. Evaluation, Überprüfen des Weges: unbeabsichtigte Fehler, implizite Annahmen, ungeprüfte Urteile, methodische Unsicherheiten Aufspüren

Oder kurz gefasst:

1. Sammeln
2. Ordnen
3. Thesen/Theoriebezug
4. Untersuchung
5. Evaluation

3.4 Modellbildung

Ob induktiv oder deduktiv, hergeleitet oder eingesetzt, das wichtigste Hilfsmittel in der Betriebswirtschaftslehre sind Modelle. Modelle sind Vereinfachungen der Wirklichkeit. Modelle sind Darstellungen reeller Zusammenhänge in verkleinerter, komprimierter, weniger komplizierter Form. Aus solchen Modellen wollen die Forscher Gesetzmäßigkeiten oder Regelungszusammenhänge erkennen können.

Der Nutzen solcher Modelle ist vielfältig. Zum einen dienen sie der Beschreibung von Gesetzmäßigkeiten, zum anderen können sie rasche Handlungsanweisungen für die Praxis geben. Manchmal will man mit den Gesetzmäßigkeiten aber auch herausfinden, wie man es unbedingt machen sollte. Solche Wissenschaftler haben das Ziel eine Norm zu finden und zu setzen.

Sowohl deskriptive, als auch präskriptive oder normative Ziele werden in der Betriebswirtschaftslehre mit Modellen angestrebt. Modelle sind das Hauptwerkzeug in allen Sozialwissenschaften. Die Betriebswirtschaftslehre unterscheidet sich von anderen Disziplinen unter anderem dadurch, dass sie besonders gerne mathematische Modelle benutzt, um Zusammenhänge zu beschreiben und darzustellen. Gleichwohl ist allen bewusst, dass menschliches Handeln nicht mathematischen Regeln folgt, sondern dass bestimmte Gleichungen in der Lage sind, das wahrscheinliche Handeln von Menschen vorherzusagen. Neben den mathematischen Modellen gibt es aber viele andere Modelle, die benutzt werden, um die ungeheure Vielfalt von Handlungsalternativen zu ordnen, zuzuordnen und in Zusammenhang zu bringen.

Im nächsten Kapitel lernen Sie gleich ein solches Modell kennen.

3.5 Modell einer Aufgabenhierarchie

Um Betriebswirtschaft gliedern zu können wurden viele Modelle vorgeschlagen. Eines davon stützt sich darauf, dass das, was man in einem Betrieb tun muss, einer von vier Sphären zugeordnet werden kann: konstitutive, strategische, taktische und operative Gestaltungsaufgaben. Das ist das Modell der Aufgabenhierarchie[6]. An diesem Beispiel soll noch einmal die Bedeutung von Modellen erläutert werden. In Wirklichkeit sind alle genannten Funktionen miteinander vernetzt. Jede langfristige Entscheidung hat Einfluss auf die kurzfristigen Vorgänge. Jede kurzfristige Änderung verändert die langfristigen Pläne. Zum Entwickeln von Theorien ist es aber zulässig und sinnvoll, die vernetzte betriebliche Wirklichkeit vorübergehend zu vereinfachen, um einmal nur die langfristigen Pläne und einmal nur die optimale kurzfristige Umsetzung gegebener Pläne zu untersuchen.

---

[6] Aus der Alltagssprache ist zumindest der Unterschied zwischen strategischen und operativen Aufgaben bekannt.

Bereits die Unterscheidung betrieblicher Entscheidungen in langfristige und kurzfristige ist demnach ein Modell. Mit Hilfe dieses Modells lässt sich wesentlich einfacher arbeiten und nur durch diese Abstraktion, durch dieses Reduzieren der ansonsten viel zu komplexen Wirklichkeit, kommen wir in die Lage, brauchbare Handlungsanweisungen zu erarbeiten und vorzuschlagen.

Wegen der fundamentalen Bedeutung der hier verwendeten Begriffe seien die Teilsphären noch einmal vorgestellt. Sie tauchen in allen betriebswirtschaftlichen Fragestellungen wieder auf.

Um die Entscheidungsebenen zu unterscheiden, zieht man folgende Kriterien heran:

1. die Zeitperspektive der Entscheidungen, also die Lang- oder Kurzfristigkeit
2. die Reichweite der Entscheidungen auf das gesamte Unternehmen oder nur auf Teilbereiche
3. die Gewichtigkeit der Entscheidungen und
4. den Rang des Entscheiders bzw. die Art der Entscheidung.

Je langfristiger, weitreichender und schwerwiegender die Entscheidungen sind und je weniger Personen befugt sind, sie zu treffen, desto eher sind sie strategisch oder ganz grundlegend (konstitutiv).

Sie sehen, wie schwierig eine genaue Abgrenzung ist, und dennoch hilft es uns, eine Aufgabenhierarchie zu modellieren.

	CHARAKTERISIERUNG			
EBENE	Zeit	Umfang	Bedeutung	Inhalt / Art
konstitutiv	langfristig	unternehmens-weit	schwerwiegend	planend
strategisch	⇕	⇕	⇕	⇕
taktisch				
operativ	kurzfristig	detailbezogen	marginal	ausführend

Tabelle 1: Hierarchie der Gestaltungsaufgaben

3.6 Modell vom rational handelnden Menschen

Eines der wichtigsten Modelle in der Betriebswirtschaft ist das Modell des homo oeconomicus, des wirtschaftlich rational handelnden Menschen. Dieses Modell geht davon aus, dass jeder Mensch das tut, was seinen Nutzen maximiert. Dabei ist die Nutzendefinition durchaus offen angelegt. Nutzen kann Geld sein, können Güter sein, können aber auch Freizeit und Genuss sein. Es wird angenommen, dass der Mensch nichts tut was ihm mehr schadet als nutzt und, dass er dabei überlegt - also rational - handelt. Ein Mensch tue nicht das nächst beste oder wähle immer die dritte Möglichkeit oder die Lösung, die mit „A" anfängt, sondern der Mensch entscheide aufgrund der Abwägung des Nutzens, dem ihm jede Variante bietet. Das nennt man rational (= vernunftgemäß) handeln. Auch die Betriebswirtschaftslehre weiß, dass Menschen sich manchmal unerklärlich entscheiden, dass manchmal Emotionen eine größere Rolle spielen als der Verstand, aber im Großen und Ganzen lässt sich mit dem Modell gut arbeiten.

Begrenzte Rationalität

Nun ist es aber so, dass der Mensch nicht in der Lage ist, immer alles zu überlegen. Er ist rein rechentechnisch oft nicht in der Lage, alle mit einer Entscheidung verbundenen Variationsmöglichkeiten und Folgen und Folgen der Folgen und Wechselwirkungen zu berücksichtigen. Es sind ihm auch nicht alle Informationen zugänglich und/oder der Aufwand für die Informationsbeschaffung wäre unverhältnismäßig groß. Menschen und Organisationen haben daher Mechanismen und Verfahren entwickelt (in der Regel ohne sich dessen bewusst zu sein), mit denen sie dennoch zu einer Entscheidung kommen, indem sie nun die wichtigen und überschaubaren Folgen abschätzen und dann die weiteren Überlegungen abbrechen. Das „homo oeconomicus Modell" geht also davon aus, dass der Mensch seinen Nutzen maximieren möchte und dabei die begrenzte Beurteilungsmöglichkeit in Kauf nimmt.[7]

---

[7] Vgl. die grundlegenden Forschungen von Cyert und March in ihrem Werk: eine verhaltenswissenschaftliche Theorie der Unternehmung, Stuttgart 1995 und von Simon: Models of Man – social and rational, New York 1957

3.7 Aufbau einer Betriebswirtschaftslehre für die Sozialwirtschaft

Betriebswirtschaftslehre behandelt das komplizierte Geflecht menschlichen Handelns in Organisationen mit zig, hunderten und tausenden Mitarbeitern. Dazu kommen die Beziehungen zu ebenfalls vielen individuellen Kunden, zur Politik, zur Wissenschaft und vielen anderen. Gerade als Sozialwirte sind wir sensibel dafür, dass diese komplexe Materie nicht mit ein paar einfachen Modellen zu bewältigen ist. Aber auch die klassische Betriebswirtschaftslehre behauptet das mitnichten. Zu Beginn Ihres Studiums sollen Sie Einblick in einige wesentliche Felder und Ansätze bekommen, um kennen zu lernen, mit welchen Modellen und Hilfsmitteln sich diese Wissenschaft ihrem Gegenstand zuwendet.

Wegen der Vielfältigkeit und Komplexität der Materie und unserem Verständnis von Betrieb als sozialem System, gibt es keine mechanistisch starre Abfolge, wie die Inhalte anzuordnen wären. In den betriebswirtschaftlichen Lehrwerken gibt es dafür die unterschiedlichsten Vorgehensweisen. Sie bekommen insgesamt einen Koffer voller Theorien, Werkzeuge, Ideen, Hinweisen, Denk- und Handlungsmodellen, die Sie im Einzelfall auswählen und einsetzen müssen. Das ist für die Sozialwirtschaft nicht anders.

Einen zunächst vielleicht erschlagenden Überblick für Ihren Werkzeugkoffer bekommen Sie mit dem Modell „Haus der Betriebswirtschaft". Die Idee dabei ist, dass auch in einem Haus jedes Element, Fundament, Dach, Wände, Fenster, Türen, Dach, aber auch Küche,

Schlafräume, Werkstatt und so weiter notwendig sind, ohne dass eines dieser Elemente das dominierende wäre und alle anderen daraus hervorgingen. (Bitte nicht zu verwechseln mit einem Hausbau, wo systematisch Fundament, Mauern und Dach aufeinander folgen müssen.) Wie werden wir nun die Zugänge zu einer Betriebswirtschaftslehre für die Sozialwirtschaft ordnen? Während das Modell der Aufgabenhierarchie nahelegt, die betriebswirtschaftlichen Entscheidungen von den „gründenden" über die strategischen bis hin zu den operativen abzuhandeln, unternehmen wir den Versuch, sie mit einem Ansatz zu konfrontieren, der die Querbezüge von Anfang an im Fokus lässt und an einzelnen Themen aufleuchten lässt.

> Zunächst verfolgen wir die Frage, warum es überhaupt Betriebe gibt. Darin ist bereits viel enthalten, wie Betriebe über ihr Selbstverständnis, über ihre Aufgaben und ihre Funktion in der Gesellschaft nachdenken können. Diese Frage ist wichtig, um Kreativität, Zukunftsvisionen oder fundamentale Lösungsansätze in Krisensituationen entwickeln zu können.

> Danach durchleuchten wir den Betrieb als Beziehungsgeflecht. Ein Betrieb steht nicht allein. Wenn wir eben die gesellschaftliche Funktion angesprochen haben, dann schauen wir diesmal auf die Vertreter dieser Gesellschaft und die Frage, welchen Einfluss diese haben und wie Betriebe darauf reagieren können. Durch den geänderten Blickwinkel lernen wir auch neue Instrumente kennen, insbesondere solche der Zielbildung.

➤ Auch im dritten Teil, der sich mit Planungsprozessen befasst, bleiben wir bei unserem systemischen und gesellschaftlichen Zugang. Dies tun wir nicht, weil wir es ausschließlich mit sozialen Betrieben zu tun hätten, sondern das gleiche gilt für alle gewerblichen Betriebe. Lediglich die explizite Kommunikation über die gegenseitige Bedingtheit spielt im sozialen Bereich eine größere Rolle. Alle Betriebe stellen nicht nur einmal fest wer sie sind und für wen sie Leistungen erbringen, sie stehen in einem ständigen Interaktionsprozess mit ihrer Umwelt. Diese Prozessperspektive nimmt in diesem Teil breiten Raum ein. Da geht es zum einen allgemein um Planungsprozesse und dann noch einmal ganz speziell um strategische Planungsprozesse und ein Managementverständnis, das wiederum ganz dem Prozesscharakter verpflichtet ist.

➤ Bei so viel Prozessen und Herausforderungen, die aus Vielschichtigkeit, Verwobenheit, Netzwerken und Interaktionen mit der Umwelt bestehen, scheint es von ganz enormer Bedeutung, dass die Betriebe selbst Organisationsformen entwickeln, aufweisen und wieder weiterentwickeln, die dieser Dynamik entsprechen und gewachsen sind. Dazu brauchen Sie als Grundlage das systemische Modell, mit dem man ein Hilfsmittel hat, diese Anforderung überhaupt zu erkennen. Daraus folgt ein erster Einblick in die Kraft, Bedeutung und Chance, die in der Organisationsgestaltung liegt um den Betriebserfolg zu beeinflussen.

> Danach kommen wir zu den konstitutiven, also den ganz grundle-
gendem Entscheidungen. Man könnte meinen, dass diese am Anfang stehen müssten, aber ohne die bisher gelegten Grundlagen
über Anforderungen an Betriebe ist man eigentlich nicht in der Lage, darüber zu diskutieren, wie ein Betrieb aufgebaut sein sollte,
welche Rechtsform er haben sollte, an welchem Standort er unter-
gebracht sein sollte.

> Zuletzt zeigen wir Ihnen Hilfsmittel ganz praktischer Art. Wie
Menschen in Betrieben unterstützt werden können, in all den vor-
gestellten vielschichtigen Prozessen und unter Berücksichtigung
diverser Dynamiken und Unsicherheiten dennoch zu plausiblen
Entscheidungen zu kommen. Hier kommen wir zurück auf eher
mathematische Darstellungsweisen, die aber erst dann richtig ein-
geordnet werden können, wenn klar geworden ist, dass sie nicht
das Wesen der betrieblichen Entscheidungen sind, sondern nur ein
methodischer Weg.

Einzelne der genannten Kapitel werden Sie später in anderen Fächern
noch einmal vertieft behandeln. Den Grundzusammenhang und das
systemische Grundverständnis als die verbindende Klammer sollten
Sie sich aber hier erschließen.

Aufgaben   •??•

Aufgabe 1:

Überlegen Sie, welche weiteren wissenschaftlichen Disziplinen Sie kennen, zum Beispiel aus anderen Vorlesungen oder aus der Schule und versuchen Sie diese in das System der Wissenschaften einzuordnen.

Aufgabe 2:

Überlegen Sie sich Beispiele, wieso die Betriebswirtschaften in der Systematik der Wissenschaften den Realwissenschaften und den Sozialwissenschaften zugeordnet sind. Begründen Sie ihre Überlegungen.

Aufgabe 3:

Suchen Sie sich ein Beobachtungsobjekt und versuchen Sie durch *wissenschaftliches Vorgehen* zu Erkenntnissen zu gelangen.

Aufgabe 4:

Suchen Sie weitere – als die bereits genannten – Aufgaben und mögliche Entscheidungen oder überlegen Sie, welche Entscheidungen Sie privat in letzter Zeit getroffen haben und ordnen Sie diese in die Aufgabenhierarchie ein.

Aufgabe 5:

Prägen Sie sich die Definitionen von Betrieb und Wirtschaften ein.

Aufgabe 6:

Schlagen Sie nach, worin sich deskriptiv, präskriptiv und normativ unterscheiden.

4 Warum gibt es überhaupt Betriebe?

Nach Einleitung und theoretischen Überlegungen zur Betriebswirtschaftslehre lernen Sie nun in diesem Kapitel die ersten Bausteine aus dem „Haus der Betriebswirtschaft" kennen, die Sie benötigen, um zu verstehen, warum es Betriebe überhaupt gibt.

Sie werden etwas über das Zusammenspiel von Betrieben mit den Bedürfnissen von Menschen, Produktionsfaktoren, arbeitsteiligen Aufgaben und Erfolg und Effizienz erfahren.

Aus den *Theoretischen Überlegungen* im vorigen Kapitel wissen Sie nun bereits, dass der Gegenstand der Betriebswirtschaft das Wirtschaften in Betrieben ist (0; S. 20). Anders formuliert und auf die Tätigkeit der Betriebe bezogen, gehen wir noch einmal intensiv der Frage nach: Warum müssen wir wirtschaften und warum gibt es Betriebe?

Stellen Sie sich einmal das Schlaraffenland vor, mit durch die Luft fliegenden, bereits gebratenen Hühnchen, mit Flüssen in denen Honig, Milch und Wein fließen; kurz gesagt, ein Land des Überflusses. Sie brauchen nur nach dem gewünschten Gut zu greifen.

Vergleichen Sie nun diese, einem Märchen entstammende, Landschaft mit der Wirklichkeit. Sie werden recht schnell feststellen, dass es in unserer realen Welt keinen Überfluss gibt. Das heißt, es herrscht ein Unterschied zwischen den Wünschen und den Möglichkeiten.

Volkswirtschaftlich ausgedrückt: es herrscht Knappheit. Die Bedürfnisse der Menschen sind also größer, als die zur Verfügung stehenden Güter.

Genau wegen diesem Spannungsverhältnis zwischen der Unendlichkeit der Bedürfnisse und der Anzahl der zur Verfügung stehenden Güter ist es nötig, zu wirtschaften. Das bedeutet: Wir müssen die Güter einteilen und gezielt einer nützlichen Verwendung zuführen. Anders ausgedrückt: wir müssen wirtschaften, da unsere Welt eben kein Schlaraffenland ist. Das Wirtschaften erfüllt im Allgemeinen zwei Funktionen: Die *Existenzfunktion*, also das Wirtschaften müssen um nicht zu verhungern oder zu erfrieren und die *Sinnfunktion,* also Wirtschaften, um sich gewisse Dinge im Leben, wie Kunst oder Kultur, leisten zu können. (Wildmann, 2007, S. 3f)

4.1 Individuelle Bedürfnisse von Menschen und Knappheit der Güter

Bedürfnisse von Menschen ergeben sich aus subjektiven Empfindungen, beispielsweise dem Wunsch nach einem Eis oder der Lust, heute Abend wieder einmal einen guten Kinofilm zu sehen; Sie könnten diese Liste schon allein mit Ihren gegenwärtigen Bedürfnissen wohl fast unendlich fortführen. Daraus erkennen Sie, dass die Bedürfnisse von Menschen unbegrenzt sind.

In den Wirtschaftswissenschaften wird davon ausgegangen, dass Bedürfnisse von Menschen immer vorhanden sind. Wie und warum diese Bedürfnisse allerdings entstehen, liegt gemeinhin außerhalb des Bereichs der Wirtschaftswissenschaften und bleibt anderen Disziplinen, wie beispielsweise der Psychologie oder der Soziologie, vorbehalten.

Die existierenden Bedürfnisse von Menschen lassen sich nach Art und Zweckmäßigkeit der Bedürfnisse unterscheiden.

Es gibt Bedürfnisse, die die Existenz des Menschen erhalten, beispielsweise Nahrung, Kleidung. Dagegen gibt es auch Bedürfnisse, die nicht dringlich sind und die erst dann entstehen, wenn die Grundbedürfnisse erfüllt sind.

Die so genannte, vom amerikanischen Psychologen Abraham Maslow entwickelte, Bedürfnispyramide spiegelt diese Bedürfnishierarchie strukturiert in fünf Stufen wieder:

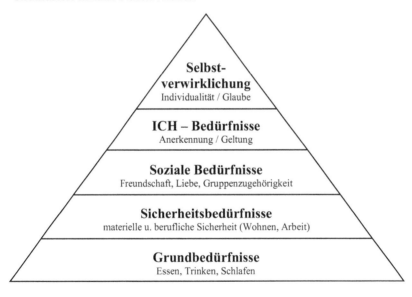

Abbildung 2: Bedürfnispyramide nach Maslow

Menschen streben die Verwirklichung ihrer Bedürfnisse an. Nach Maslow ergeben sich die einzelnen Bedürfnisgruppen aufbauend, erst wenn die unten liegende Stufe erfüllt ist, streben Menschen nach Erfüllung höherer Bedürfnisse.

Dass Bedürfnisse unbegrenzt vorhanden sind, widerspricht der Maslowschen Pyramide nicht, denn Maslow geht davon aus, dass die untersten drei Bedürfnisstufen so genannte *Defizitbedürfnisse* sind, sie sind nach einer bestimmten Anzahl von Bedürfnissen befriedigt. Die oberen beiden Stufen der Pyramide hingegen sind so genannte *Wachstumsbedürfnisse*, die daraus abgeleiteten Wünsche werden niemals vollkommen befriedigt sein.

Dies entspricht auch wirtschaftswissenschaftlichen Hypothesen, wonach die Wünsche der Menschen bei steigendem Wohlstand nicht geringer werden. (Woll, 2007, S. 26)

Die zur Verfügung stehenden Güter sind dagegen jedoch begrenzt.

So ist, da wir uns ja nicht im Schlaraffenland befinden, das Eis nicht unbegrenzt und jederzeit verfügbar, oder auch der Konsum des Kinofilms ist begrenzt, es steht nur eine bestimmte Anzahl an Kinoplätzen für einen Film zur Verfügung; oder anders betrachtet, das Angebot an, nach Ihrem Geschmack, guten Kinofilmen ist begrenzt.

Diese Güterknappheit ist jedoch nicht als absolut sondern als relativ zu sehen.

Es geht also nicht darum, dass ein bestimmter Rohstoff nur begrenzt zur Verfügung steht, sondern darum, dass eine Differenz zwischen der durch menschliche Bedürfnisse gewünschten Anzahl an Gütern und der real zur Verfügung stehenden Anzahl an Gütern besteht.

Dieses Verhältnis schließt nicht aus, dass es bei bestimmten Gütern ein Überangebot gibt, denken Sie dabei zum Beispiel an die sogenannten Butterberge; so kann es in einem Land ein Überangebot an

Butter geben, während in einem anderen Land Knappheit an diesem Gut herrscht.

Genauso verhält es sich mit sogenannten *freien Gütern*, also solche Güter deren Vorrat nicht erschöpft und deren Gewinnung keinerlei Anstrengung erfordert; denken Sie zum Beispiel an die Luft. Ob das Gut jedoch wirklich ein freies Gut ist, hängt von den tatsächlichen Bedingungen ab: So atmen Sie ganz selbstverständlich Luft ohne auch nur daran zu denken, für den „Luftkonsum" zu bezahlen, für einen Bergmann unter Tage ist Luft kein freies Gut, da es einen Aufwand erfordert, dieses Gut zur Verfügung zu stellen. (Woll, 2007, S. 26f)

Ist ein Gut frei, wird es nicht bewirtschaftet.

Außerdem sind Güter nicht nur Waren: *Güter* lassen sich unterteilen in *materielle Güter*, also Waren oder Produkte und *immaterielle Güter*, z.B. Dienstleistungen.

Um eben dieses Spannungsverhältnis zwischen der Begrenztheit der Güter und der Unbegrenztheit menschlicher Bedürfnisse geht es also beim Wirtschaften. Wir müssen wirtschaften, um unsere und die Bedürfnisse anderer Menschen zu befriedigen, darum gibt es Betriebe. Warum es Betriebe gibt und nicht jeder selber wirtschaftet, ist ein bisschen komplizierter.

4.2 Kollektive Bedürfnisse, Klassen von Gütern

Neben den eben gezeigten individuellen Begründungen für menschliche Bedürfnisse, die ein wichtiger Motor für das Wirtschaften sind, gibt es Güter, die Menschen nur wollen und brauchen, weil sie in Gemeinschaft leben oder solche, die sie gar nicht alleine nutzen können. (Beachte Querbezug zu anderen Fächern wie Einführung in die Volkswirtschaftslehre und Grundlagen der Sozialwirtschaft). Solche Güter können Bildung, Infrastruktur, Gesundheitsvorsorge, öffentliche Sicherheit, Verwaltung des Gemeinwesens und so weiter sein. Auch diese Güter müssen produziert werden, teilweise durch Betriebe, teils durch staatliche Institutionen.

Für die Betriebe in der Sozialwirtschaft ist es durchaus sehr wichtig auch diese Wirtschaftsbereiche im Blick zu haben, da sie oft im Auftrag der Allgemeinheit solche Güter herstellen. Auch für Gemeinschaftsgüter gilt die Ausgangslage, dass die Bedürfnisse in der Regel höher sind als die vorhandenen Ressourcen. Wirtschaften erfüllt die Aufgaben zu entscheiden, welche Güter in welchen Mengen und Qualitäten herzustellen sind und Wirtschaften soll auch hier so verstanden werden, dass aus den vorhandenen Ressourcen eine möglichst gute Ausbeute an Gütern gewonnen wird.

Der Versuch, die Güter in Klassen einzuteilen ist wieder ein Modell und die Grenzen zwischen den Gruppen sind einem mit der gesellschaftlichen Entwicklung verbundenen dynamischen Prozess unterworfen. Eine der vorgeschlagenen Klassifikationen spricht von privaten, öffentlichen und intermediären Gütern. Die Idee der intermediären Güter ist dabei noch relativ jung und stammt von Richard Musgrave aus den 60er Jahren[8].

Leider ist es nicht möglich, die zugehörigen Betriebe genauso zuzuordnen. Öffentliche wie private Güter können von staatlichen Behörden aber auch von privaten Organisationen hergestellt werden (Denken Sie an öffentliche und private Schulen oder Schwimmbäder oder Sicherheitsdienste oder Wasserversorger...)[9]. Auch die Begriffe dritter Sektor, Non-Profit-Sektor sind wichtig aber nicht trennscharf und nicht stabil.[10]

Aus privaten und solidarischen Kontexten entstehen Bedürfnisse. Aufgabe der Betriebswirtschaft ist es, die Bedürfnisbefriedigung zu organisieren.

4.3 Arbeitsteilung und Transaktionskosten

Es liegt für heutige Menschen und ihre hochentwickelten, komplexen Bedürfnisse auf der Hand, dass die gewünschten Güter nicht von Einzelnen erstellt werden können. Menschen müssen sich zusammenschließen, um die hochwertigen Güter entweder überhaupt oder

---

[8] Richard Musgrave u.a. Die öffentlichen Finanzen in Theorie und Praxis, Tübingen 1994

[9] Zur Frage der zunehmenden Marktwirtschaftlichkeit in der Sozialwirtschaft siehe Zacher, Johannes: Marktillusion in der Sozialwirtschaft in der Zeitschrift Recht der sozialen Dienste und Einrichtungen RsDE Heft 58.

[10] Vgl. dazu Wendt, Wolf: Zum Stand der Theorieentwicklung in der Sozialwirtschaft; in: Wendt Wolf und Wöhrle, Armin: Sozialwirtschaft und Sozialmanagement in der Entwicklung ihrer Theorie, Augsburg 2007; insbesondere S. 40

schnell und preiswert zu erstellen. Das ist der Ursprung von Betrieben. Dabei ist es ein steter dynamischer Prozess herauszufinden, wann die Koordination verschiedener Bereiche innerhalb des Betriebs aufwendiger ist, als das Zusammenführen der Teilleistungen von mehreren Betrieben oder Einzelpersonen. Die Transaktionskostentheorie schlägt vor, diese Koordination als Transaktionskosten abzuschätzen und vermutet, dass diese Kosten die Grundlage für immer neue Entscheidungen zu Zusammenschlüssen bzw. Aufspaltung von Betrieben sind. Hier finden Sie die Grundlage für die spannende Frage, warum es überhaupt Betriebe gibt und welches die optimalen Betriebe sein könnten.[11]

4.4 Produktionsfaktoren

Kommen wir zurück zur Erkenntnis, dass man zur Erfüllung von menschlichen Bedürfnissen Güter benötigt.

Auch wenn wir nicht im Schlaraffenland leben, stehen viele Güter bereits in der Natur zur Verfügung. Allerdings stehen sie – und dadurch unterscheidet sich die reale Welt wiederum vom Schlaraffenland – noch nicht zum Verbrauch bereit. Es müssen erst bestimmte Faktoren eingesetzt werden, um diese Güter verbrauchen zu können. Fische im Fluss müssen erst gefangen und gegrillt, oder anderweitig zubereitet werden, um sie verspeisen zu können; Bäume müssen erst

---

[11] Vgl. Jost, Peter-J. (Hrsg.): Der Transaktionskostenansatz in der Betriebswirtschaftslehre, Stuttgart 2001; hier insbesondere Kapitel Koordinationsmechanismen und transaktionskostensenkende Institutionen S 22ff.

gefällt werden, um das Holz, beispielsweise zu Möbeln, weiterverarbeiten zu können.

Durch den Einsatz welcher Faktoren lassen sich also Güter herstellen?

Diese Einsatzfaktoren werden als die *Produktionsfaktoren* bezeichnet, sie lassen sich sowohl aus volkswirtschaftlicher als auch betriebswirtschaftlicher Sicht klassifizieren.

4.4.1 Produktionsfaktoren in der Volkswirtschaft

Aus volkswirtschaftlicher Sicht lassen sich die Einsatzfaktoren in Boden, Arbeit und Kapital unterteilen. (Zum Faktor *Wissen* siehe: 0Die betriebswirtschaftlichen Produktionsfaktoren lassen sich in Arbeit, Betriebsmittel und Werkstoffe einteilen.

Wie bereits in volkswirtschaftlicher Einteilung bedeutet *Arbeit* die menschliche Arbeitskraft.

Betriebsmittel umfassen Kapitalfaktoren (Maschinen) und Bodenfaktoren (Grundstücke).

Unter *Werkstoffen* werden sodann Roh-, Hilfs- und Betriebsstoffe verstanden. (Wildmann, 2007, S. 7)

Wissen als Produktionsfaktor)

Unter *Boden* versteht man alle natürlichen Hilfsmittel, Felder, Wälder, Gewässer oder Bodenschätze. Der Faktor Boden dient als Standort-, Anbau- oder Abbauboden. (Woll, 2007, S. 33)

Der Faktor *Arbeit* umfasst jede Art von manueller und geistiger Beschäftigung, die für die Produktion notwendig ist und mit der Einkommen erwirtschaftet wird. (Woll, 2007, S. 32)

Kapital beschreibt alle an der Erzeugung beteiligten Produktionsmittel, also Werkzeuge oder Maschinen. Solche Güter, die bereits in früheren Produktionsprozessen hergestellt wurden. Geld als Synonym für den Begriff Kapital ist *kein* Produktionsfaktor in diesem Wortsinn. (Woll, 2007, S. 33)

Für die Herstellung der meisten Güter ist der Einsatz aller drei Produktionsfaktoren erforderlich.

Der Einsatz von Produktionsfaktoren, auch als *Input* bezeichnet, führt zu einem Ausstoß eines bestimmten Gutes, als *Output* bezeichnet.

4.4.2 Produktionsfaktoren in der Betriebswirtschaft

Die betriebswirtschaftlichen Produktionsfaktoren lassen sich in Arbeit, Betriebsmittel und Werkstoffe einteilen.

Wie bereits in volkswirtschaftlicher Einteilung bedeutet *Arbeit* die menschliche Arbeitskraft.

Betriebsmittel umfassen Kapitalfaktoren (Maschinen) und Bodenfaktoren (Grundstücke).

Unter *Werkstoffen* werden sodann Roh-, Hilfs- und Betriebsstoffe verstanden. (Wildmann, 2007, S. 7)

4.4.3 Wissen als Produktionsfaktor

In neueren Ansichten findet sich, sowohl aus volkswirtschaftlicher als auch betriebswirtschaftlicher Sicht, immer öfter ein vierter Produktionsfaktor, das Wissen.

Der Faktor *Wissen* beschreibt Aspekte der Bildung, Schule, Studium, Aus- und Weiterbildung, genauso wie die Vorbereitung, Weitergabe und Organisation von Wissen – im Gegensatz zum Faktor Arbeit, der die Durchführung von Arbeit beschreibt. (Wildmann, 2007, S. 7)

Wichtig ist, dass Wissen an eigenständiger Bedeutung gewinnt und nicht nur als Unterfunktion des Faktors Arbeit gesehen werden darf. In technischer Sicht nimmt die Bedeutung von Wissen als Produktionsfaktor im Verhältnis zu den anderen Faktoren einen immer höheren Rang ein. Die Entwicklung und Kenntnis einer Gentechnikrezeptur ist teurer als die Herstellung der Produkte. Die Entwicklung von Computerprogrammen verschlingt rießige Mengen von Arbeitsjahren. Der materielle Gegenwert der CD auf der das Programm gespeichert ist tendiert gegen Null. Dieses Wissen übersteigt die Fähigkeit eines Menschen, es sich zu merken bei Weitem. Gleichwohl kann ein Computerprogramm ein entscheidender Produktionsfaktor sein, ohne den bestimmte Güter nicht herstellbar sind. Also ist es zunehmend sinnvoll, *Wissen oder Information* als vierten Produktionsfaktor einzuführen.

Zu dieser Erkenntnis, dass Wissen nicht an einzelne Mitarbeiter gebunden ist, trägt auch die Organisationsforschung bei, die festgestellt hat, dass Organisationen ein anderes Wissen und eine andere Informationsverarbeitungsfähigkeit haben, als sie sich aus der Summe der Einzelnen ergeben würde. Letzteres spielt auch in sozialen Betrieben eine große Rolle, auch wenn dort Computerprogramme meist noch unterstützende Funktionen wahrnehmen.

4.5 Arbeitsteilige Aufgaben

Bedienen wir uns erneut einer Fiktion, diesmal der des Helden aus Daniel Defoes gleichnamigen Abenteuerroman „Robinson Crusoe".
Der Protagonist erleidet während der Überfahrt von Brasilien nach Afrika nach einem Unwetter Schiffbruch in der Karibik und strandet,

als einziger Überlebender der gesamten Schiffsbesatzung, auf einer einsamen Insel. Crusoe, der bereits im vorigen Verlauf der Erzählung als äußerst wirtschaftlich begabter Mann dargestellt wurde, beginnt nun, auf sich allein gestellt, mit den zur Verfügung stehenden Ressourcen der Insel für sich zu sorgen und, ja, zu wirtschaften.

Zum Vorteil gereichten Crusoe hierbei wohl die Überreste des havarierten Schiffes und einige, wohl durch den Autor geschickt in die Geschichte gewobene, auf der Insel befindliche Ressourcen als auch die durch das Klima als üppig anzunehmende Vegetation auf der Karibikinsel.

Doch stellen Sie sich einmal vor, sämtliche Gegenstände ihres täglichen Bedarfs selbst herstellen zu müssen. Oder überlegen Sie, wie viel der um Sie herum befindlichen Güter sie wirklich komplett selbst, ohne Einsatz anderer Arbeitskräfte, erwirtschaftet haben. Sie werden, ähnlich wie der britische Moralphilosoph Adam Smith – dessen Lehrsatz im Folgenden zitiert wird – recht schnell feststellen, dass sich die Menschen nur sehr mühsam und schlecht versorgen könnten, wenn jeder alles was er zur Lebensführung braucht selbst erstellen müsste.

Betrachten Sie nun wieder unsere reale Welt und Sie erkennen, dass fast alle Güter ausschließlich nicht von einer Person zum Eigennutz sondern von mehreren Menschen hergestellt werden, und zwar nicht um deren eigene Bedürfnisse zu befriedigen, sondern um auch die Bedürfnisse anderer Menschen zu befriedigen.

Teilt man also die Produktion von Gütern auf mehrere Personen auf, spricht man von *Arbeitsteilung* und schafft dadurch eine Wohlstandsmehrung.

Denn diese Arbeitsteilung führt dazu, dass die Menschen nur noch einzelne Teile eines Gesamtprozesses bearbeiten müssen, die in ihrer Art zueinander ähnlich sind und vornehmlich solche, die besonders ihren Fähigkeiten und Neigungen entsprechen. Sicher haben Sie sich bei der Studienwahl auch für ein Fach entschieden, dass Ihnen persönlich am besten zu „liegen" scheint und von dem Sie denken, dass Sie hierfür, bedingt durch Ihre ganz individuellen Fähigkeiten, besonders geeignet sind.

Bearbeitet jeder nur noch einen Teil des Ganzen, ist es nötig, diese einzelnen Teile zusammenzufügen, und Sie haben sicher bereits erkannt, dass es hierzu wieder nötig ist, zu wirtschaften.

Arbeitsteilige Produktion bedeutet aber gleichzeitig, dass – wie bereits erwähnt – nicht mehr jeder für sich selbst und seine eigenen Bedürfnisse produziert, sondern für eine größere Gemeinschaft und somit diese Art von Produktion nicht mehr in einzelnen Haushalten stattfinden kann, sondern dass die Produktion in besondere Produktionsstätten verlagert wird, die wir als Betriebe bezeichnen. [12]

Sie erkennen also, dass es zur Wohlstandsmehrung durch die Vergabe arbeitsteiliger Aufgaben nötig ist, einerseits zu wirtschaften und andererseits, dass es dazu Betriebe geben muss.

---

[12] Querverweis zum vernetzten Denken: Überlegen Sie, wie sich der Aspekt der Gemeinschaft auf die Arbeitsteilung auswirkt. Wollen Sie hierbei im Besonderen die Auswirkungen der Erziehung berücksichtigen, versuchen Sie sich einmal an Alfred Adlers *Individualpsychologie* (u. a. in: Adler, A.: Der Sinn des Lebens, Frankfurt, 2004[23])

Auch im Betrieb selbst findet eine Arbeitsteilung statt, so gibt es nicht einen Mitarbeiter, der alle Aufgaben bearbeitet, sondern für jeden Bereich des Betriebs gibt es Spezialisten, die nur Teile des Betriebsgeschehens bearbeiten. Dies liegt daran, dass die Umwelt zu komplex ist, als dass sie von einer Person (oder von mehreren Personen mit den gleichen Aufgaben) bewältigt werden könnte.

Vergleichen Sie dies mit Ihren Vorlesungen: Dort gibt es auch nicht nur einen Professor, der alle Teilbereiche des Studiums lehrt, sondern eine Professorin für Recht, eine für Soziale Arbeit und Betriebswirtschaftslehre und so weiter.

Die jeweiligen Themen sind zu komplex, als dass sie von einer Person überblickt werden könnten, daher ist jeder Professor auf seinem Gebiet ein Spezialist.

4.6 Erfolg als Effektivität und Effizienz

Ausgehend von der Notwendigkeit von Wirtschaften und Betrieben beschäftigt sich die Betriebswirtschaftslehre damit, herauszufinden, wie diese Aufgaben möglichst gut erledigt werden können. Dazu wollen wir zum Abschluss dieses Kapitels einen Blick auf die möglichen Erfolgskriterien werfen. Wir unterscheiden hierzu Effektivität und Effizienz.

Effektivität beschreibt als Erfolg, wenn es gelungen ist, das gewünschte Ziel überhaupt erreicht zu haben (manche sagen als Merksatz: *„Die richtigen Dinge tun."*)

Effizienz setzt Effektivität, also Zielerreichung, voraus und qualifiziert zusätzlich, mit welchem Aufwand dieses Ziel erreicht wurde (entsprechend: *„Die Dinge richtig tun."*). Effizienz berücksichtigt das Verhältnis von Input an Produktionsfaktoren zum Output an Gütern und Dienstleistungen.

Ein Beispiel: Wollen Sie die Prüfung in BWL I bestehen und errei-chen Sie in der Prüfung die Note 4, so handeln sie effektiv. Beginnen Sie noch dazu, am letzten Tag vor der Prüfung überhaupt mit dem Lernen, so ist Ihr Lernverhalten zusätzlich effizient, da das Verhältnis von Output (die Note) und Input (der Lernaufwand) in einem durch-aus positiven Verhältnis stehen. Nehmen Sie sich allerdings vor, die Note 1 zu erzielen, und setzen Sie allen möglichen Lernaufwand wäh-rend des gesamten Semesters auf BWL, erreichen dann aber nur die Note 4, dann waren Sie nicht effektiv. Zusätzlich ist Ihr Lernverhalten als wenig effizient zu beschreiben, da wohl ein wenig vorteilhaftes Verhältnis zwischen Output und Input besteht.

Bezieht man nun diese beiden Begrifflichkeiten auf das Handeln in Betrieben, erkennt man sehr schnell, dass es für das Überleben des Betriebes wichtig ist, sowohl effektiv zu sein, als auch sein Handeln, also das Wirtschaften, nach Prinzipien der Effizienz auszurichten.
Wer effizient handelt, kann das Problem des Wirtschaftens, also das Ungleichgewicht von Bedürfnissen und Güterangebot, am besten aus-tarieren; er kann somit die zur Verfügung stehenden Mittel effizient einsetzen. (Zur Beschränktheit der Perfektion in diesem Handeln und im Beurteilen des Optimalen vergleichen Sie nochmal Kapitel 3.6 zu *homo oeconomicus!*)

Das Ziel der Effizienz und der Effektivität bezieht sich sowohl auf kurzfristige Ziele, als auch auf zeitlich betrachtet weiter entfernte, also langfristige Ziele von Betrieben. Anders formuliert müssen Betriebe ihr Handeln daran ausrichten, dass sie lang- und kurzfristig gleichzeitig erfolgreich als auch effizient sind.

Bedenken Sie nun, dass es Betriebe gibt, um Bedürfnisse von Menschen zu befriedigen (0; S. 36) und halten Sie sich vor Augen, das sich beispielsweise auch Ihre eigenen Bedürfnisse nicht konstant verhalten, also immer dieselben sind, sondern sich kurzfristig, beispielsweise von der Tageszeit abhängig, oder auch langfristig, von Lebenszielen geprägt, ständig verändern; im Umkehrschluss heißt dies, dass Betriebe nicht immer die gleichen Güter[13] zur Bedürfnisbefriedigung herstellen können, da diese sich, wie gerade erläutert, ändern. Als Betrieb erfolgreich sein heißt also, seine Güter immer an die sich wandelnden Bedürfnisse der Umwelt des Betriebes anzupassen.

Erfolg ist somit kein festes, einmal erreichtes Ziel, sondern erfolgreich sein bedeutet, immer aufs Neue dieses Ziel anzustreben.

---

[13] Sie erinnern sich bestimmt, dass Güter sowohl Produkte als auch Dienstleistungen sind.

Aufgaben ·??·

Aufgabe 1:

Überlegen Sie, welche Produktionsfaktoren in Wirtschaftsbetrieben eingesetzt werden und vergleichen Sie diese mit den in sozialwirtschaftlichen Betrieben eingesetzten Produktionsfaktoren.

Aufgabe 2:

Überlegen Sie, welche Güter in Wirtschaftsbetrieben hergestellt werden und vergleichen Sie diese mit den in sozialwirtschaftlichen Betrieben hergestellten Gütern.

Aufgabe 3:

Überlegen Sie, welche Bedürfnisse durch Betriebe der Sozialwirtschaft befriedigt werden, welche besondere Verpflichtung entsteht daraus für die Betriebe?

Fallstudie ·⇆·

Aufgabe 1:

Welche Produktionsfaktoren werden im Verein eingesetzt? Nennen Sie Beispiele

Aufgabe 2:

Beschreiben Sie, wie die Aufgaben des Vereins erfüllt werden.

5 Woran orientieren sich Betriebe?

Im dritten Kapitel haben Sie unter anderem gesehen, wie sich die Betriebswirtschaftslehre im System der Wissenschaften (0; S. 16f) einordnen lässt.

Sie wissen also, dass die Wirtschaftswissenschaften im Allgemeinen und die Betriebswirtschaftslehre im Besonderen Teilbereiche der Sozialwissenschaften sind.

In der Betriebswirtschaftslehre geht es also, im weitesten Sinne, um das Zusammenleben von Menschen in der Gesellschaft, somit kann davon ausgegangen werden, dass Betriebe nicht für sich alleine existieren können, sondern dass sie als soziales Gebilde mit der Umwelt in Verbindung stehen und sich folglich an dieser Umwelt *orientieren* müssen.

Im vorigen Kapitel haben Sie näheres über einzelne Elemente erfahren, die das Wirtschaften und die Existenz von Betrieben notwendig machen.

So haben Sie gesehen, dass Betriebe notwendig sind, um *Bedürfnisse von Menschen* zu befriedigen. *Welche* Güter muss der Betrieb aber herstellen, um die Bedürfnisse der Menschen befriedigen zu können?

Es bleibt also außer Frage, dass sich der Betrieb, hinsichtlich seines Angebotes an Gütern, an den Bedürfnissen der Menschen orientieren muss. Stellen Sie sich beispielsweise einen Betrieb vor, der Regenschirme für eine Region herstellt, in der es so gut wie nie regnet. Dieser Betrieb hat sich offensichtlich nicht an den Bedürfnissen der Menschen orientiert. Gleiches gilt, auf die Sozialwirtschaft übertragen, auch für soziale Dienstleistungen. So kann man darüber philosophieren, ob es sich in einer alternden Gesellschaft lohnt, das „Gut" der Kinderbetreuung vermehrt anzubieten oder ob es nicht vermehrt den Bedürfnissen der Menschen entspricht, Dienstleitungen für ältere Menschen in vermehrter Zahl anzubieten.

Des Weiteren müssen sich Betriebe auch an den zur Verfügung stehenden *Produktionsfaktoren* orientieren.

Möchten Sie in einem Betrieb ein Gut herstellen, dessen Produktion sehr viele Menschen erfordert, steht aber der Produktionsfaktor Arbeit nur in sehr beschränktem Umfang zur Verfügung, werden Sie dieses Gut wahrscheinlich nicht herstellen können. Gleiches gilt beispielsweise für ein Krankenhaus, in dem hochspezialisierte Operationen angeboten werden sollen, aber keine Ärzte mit dem benötigten Fachwissen zur Verfügung stehen.

Genauso lassen sich die Überlegungen für die anderen Produktionsfaktoren (Boden, Kapital, Wissen) anstellen; und führen zu dem gleichen Schluss, dass sich Betriebe an den zur Verfügung stehenden Produktionsfaktoren orientieren müssen.

Ihnen ist sicher bereits klar geworden, dass Betriebe, die Güter produzieren, ohne sich an den Bedürfnissen von Menschen oder an den zur Verfügung stehenden Produktionsfaktoren, zu orientieren, nicht erfolgreich handeln können.

5.1 Stakeholder – die Anspruchsgruppen des Betriebs

Die theoretische Ausrichtung an Bedürfnissen und Produktionsfaktoren begegnet dem Betrieb in der Praxis in realen Personen und Organisationen.

Diese werden als *Stakeholder* bezeichnet. Sie sind, vom englischen Nomen „stakeholder" für *Anspruchsberechtige*, abgeleitet, definiert als interne und externe Personengruppen, die direkt oder indirekt vom Handeln des Betriebes betroffen sind. Diese Personengruppen leisten auf der einen Seite einen Beitrag zum Betrieb, stellen dafür aber auf der anderen Seite auch gewisse Ansprüche an ihn.

Einige wichtige und typische Stakeholder seien hier kurz dargestellt:

Stakeholder	Beiträge für den Betrieb	Ansprüche gegenüber dem Betrieb
Arbeitnehmer	Geleistete Arbeit	Leistungsgerechte Entlohnung, sicherer Arbeitsplatz
Kunden	Abnahme von Gütern	Preisgünstige und qualitative Güter
Banken	Geld in Form von Krediten (Fremdkapital)	Rückzahlung des Kapitals in Form von Zinsen und Tilgung, sichere Geldanlage
Lieferanten	Lieferung hochwertiger Güter	Zuverlässige Bezahlung, langfristige Lieferbeziehungen
Öffentlichkeit	Infrastruktur, Rechtsordnung	Einhaltung er Rechtsvorschriften, Beitrag zur Verwirklichung des Staatsziels

Tabelle 2: mögliche Stakeholder eines Betriebs (nach Wöhe, 2005, S. 66f)

Eine Übersicht über mögliche Stakeholder in Einrichtungen der Sozialwirtschaft gibt Ihnen – ohne Anspruch auf Vollständigkeit – die nachfolgende Zusammenstellung:

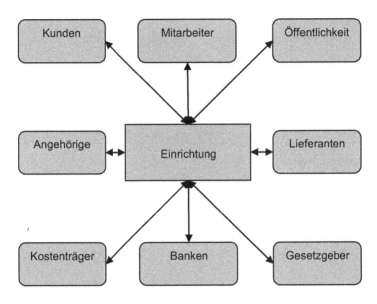

Abbildung 3: mögliche Stakeholder in sozialwirtschaftlichen Einrichtungen

Kunden und Angehörige erwarten von den Einrichtungen, dass sie oder ihre Angehörigen gut versorgt werden und bezahlen dafür Beiträge, entweder direkt an die Einrichtung, zum Beispiel die über den Leistungen der Pflegeversicherung liegenden Kosten zur Pflege in einem Seniorenheim, oder indirekt an die Kostenträger, also die Kranken- oder Pflegekassen.

Mitarbeiter setzen ihre Arbeitskraft für die Einrichtung ein und erwarten eine faire Bezahlung und sichere Arbeitsplätze.

Die *Kostenträger* bezahlen die erbrachten Leistungen der Einrichtung und erwarten im Gegenzug eine „wirtschaftliche und wirksame"[14] Erfüllung der Aufgaben.

Banken stellen der Einrichtung Fremdkapital zu festen Konditionen zur Verfügung und erwarten dafür eine ordnungsgemäße Rückzahlung und Verzinsung des Geldes.

Der *Gesetzgeber* gibt Rahmenbedingungen für das Handeln der Einrichtungen vor und bietet Rechts- und Planungssicherheit für dieses Handeln. Gleichzeitig müssen die gesetzten Regelungen befolgt und eingehalten werden.

Lieferanten bieten rechtzeitige Lieferung der bestellten Waren und erwarten die fristgemäße Bezahlung.

Die *Öffentlichkeit* stellt Infrastruktur sowie Rechtsordnung zur Verfügung aber auch Leistungen der sozialen Fürsorge[15] und erwartet daraus eine ordnungsgemäße Verwendung und einen Beitrag zur Erreichung des Staatsziels der sozialen Sicherheit.

Je nach Art und Ausgestaltung der jeweiligen Einrichtung sind selbstverständlich auch noch andere Stakeholder denkbar, so beispielsweise

---

[14] Dies leitet sich zum Beispiel aus dem Wirtschaftlichkeitsgebot der Pflegeversicherung ab, der genaue Wortlaut des §29 I 1 SGB XI: „Die Leistungen müssen wirksam und wirtschaftlich sein, sie dürfen das Maß des Notwendigen nicht übersteigen." Ein ähnliches Wirtschaftlichkeitsgebot ist eines der Leistungsprinzipien der gesetzlichen Krankenversicherung und in §12 SGB V geregelt.

[15] Dies sind Leistungen, die nicht über die Beiträge zur Sozialversicherung erbracht werden, sondern steuerfinanziert sind. Zum Beispiel die Sozialhilfe.

die Leistungsabnehmer bei Behindertenwerkstätten oder die Heimaufsicht oder der Heimbeirat in einem Seniorenheim.

Vergleichen wir nun einmal die Erwartungen mehrerer Stakeholder: Exemplarisch soll dies bei den Anspruchsgruppen „Kunden" und „Kostenträger" dargestellt werden. Wie sie bereits wissen, streben die Kunden und deren Angehörige die optimale und bestmögliche Versorgung für sich oder ihre Angehörigen an, man möchte also, dass alle nur denkbaren Mittel eingesetzt werden, die für die Behandlung oder Versorgung nötig sind. Auf der anderen Seite stehen die Kostenträger, die an die Wirtschaftlichkeitsgebote[16] gebunden sind, und eben nur Leistungen bewilligen dürfen, die wirksam und wirtschaftlich sind und das Maß des Notwendigen nicht übersteigen.

Es ist leicht zu erkennen, dass hier Interessengegensätze der Stakeholder vorliegen, bestmögliche Behandlung auf der einen und eine, das Maß des Notwendigen nicht übersteigende, Leistungserbringung auf der anderen Seite.

Aufgabe der Einrichtung ist es nun, die Erwartungen der verschiedenen Anspruchsgruppen durch das Festlegen von Zielen und durch Handeln in Einklang zu bringen. Anders betrachtet bedeutet dies, dass die Anspruchsgruppen Einfluss auf das Unternehmen und die Macht haben, das Unternehmen mit zu steuern.

---

[16] Zum Beispiel § 29 Pflegeversicherungsgesetz (SGB XI)

Nicht zu verwechseln sind die Begriffe *Stakeholder* und *Shareholder*. Shareholder sind Anteilseigner, also z.B. Aktionäre. Sie sind nur ein Stakeholder unter anderen.

Der sogenannte *Shareholder-Ansatz*, wonach die Entscheidungen des Unternehmens so getroffen werden, dass sie dem Shareholder, also den Anteilseignern und somit dem Eigenkapitalgeber, nützt, ist eine sehr einseitige Interpretation des Stakeholder-Ansatzes. Das Unternehmen verfolgt also überwiegend die Ziele der Eigenkapitalgeber. Nach diesem Ansatz werden die Interessen der anderen Anspruchsgruppen für die Unternehmensentscheidungen vernachlässigt, das kann langfristig zu Existenzschwierigkeiten führen – er stellt eine allzu kurzfristige Erfolgsbeurteilung dar.

5.2 Ziele und Zielbildungsprozesse

Geht man also vom *Stakeholder-Ansatz* aus und nimmt somit an, dass die Steuerung und die Ziele des Betriebes nicht nur von *einer* Anspruchsgruppe geprägt sind, sondern dass es eben viele Anspruchsgruppen gibt, so ergeben sich auch mehrere Ziele die angestrebt werden müssen.

Es gibt also nicht das *eine* Formalziel als oberstes Ziel des Betriebes, etwa Gewinnmaximierung, dass die sogenannte Zielpyramide anführt und aus dem sich dann, wie in einer Hierarchie, alle anderen Ziele herunterbrechen lassen, sondern es existiert ein sogenanntes *Zielbündel*, also eine Vielzahl von gleichwertigen und konkurrierenden Zielen.

Die sich somit ergebenden *Zielkonflikte* sind bedingt durch die nur begrenzt zur Verfügung stehenden Ressourcen des Betriebs. Lösen lassen sich diese Konflikte indem die Ziele und die dahinterliegenden Interessen der jeweiligen Stakeholder kontinuierlich und dynamisch ausgehandelt werden. Weiterhin ist es auch nicht sinnvoll den Betrieb auf das eine Oberziel auszurichten, da stets kurz- und langfristige Aspekte miteinander abgewogen werden müssen und sich durch die Unsicherheiten der Umwelt zwangsläufig Nachjustierungen bei den Zielen ergeben, die durch kontinuierliche Prozesse erfolgen müssen. Dies geschieht durch Planungs- und Entscheidungsprozesse.

Abbildung 4: Zielpyramide

Die Zielpyramide besitzt somit keine Zielhierarchie sondern gibt – neben der Menge der Ziele auf der jeweiligen Ebene – lediglich an, dass die Ziele auf der jeweiligen Stufe nach bestimmten Kriterien differenziert werden, zum Beispiel nach ihrer Fristigkeit oder dem Grad der Detaillierung.[17]

Während Visionen vage sind und über das derzeit vorstell- und realisierbare hinausgehen, also eine grobe Zielrichtung vorgeben, quasi wie ein Stern am Horizont sind und die Erreichbarkeit derzeit nicht beantwortet werden muss, steigen auf den tieferen Stufen der Hierarchie der Konkretisierungsgrad und die Realisierungsüberlegungen zunehmend an. Die Ziele werden weniger umfassend und die Zeitperspektiven verkürzen sich.

In Betrieben ist aber oft zu beobachten, dass es schwer fällt, Visionen und Ziele zu nennen. Oft werden sie nicht diskutiert, sind nicht transparent oder werden, unausgesprochen, für selbstverständlich gehalten. Ein solches Verhalten wird nicht nur in der Literatur zum strategischen Management[18] nicht begrüßt: tatsächlich ist es naheliegend, dass ein bewusster Umgang mit der Ausrichtung und ein professioneller Abgleich der Absichten mit den Möglichkeiten des Unternehmens und den Bedingungen der Umwelt die Erfolgschancen nur erhöhen kann. Gleichzeitig gibt es beredte Beispiele, in denen Unternehmen eine zunehmende Diskrepanz zwischen den Zielkomponenten der Unternehmer, der Mitarbeiter, der Kunden und der Umwelt nicht erkannt haben und daran gescheitert sind.

---

[17] Die Zielpyramide ist also auch ein Modell. Sie stellt nicht die Wirklichkeit dar, sondern dient als Arbeitsmittel.

[18] dazu erfahren Sie später mehr

Andererseits darf das „sich im Unklaren über Ziele sein" nicht immer nur verurteilt werden. Es könnte gute Gründe dafür geben: sind Ziele und Vision bei allen Beteiligten durch Tradition, Alternativlosigkeit oder äußere Bedingungen von vornherein klar, ist es nicht sinnvoll, finanzielle und personelle Ressourcen in einen Zielbildungsprozess zu investieren.

Für öffentliche und öffentlichkeitsnahe soziale Betriebe gibt es eine besondere Situation, die hier kurz andiskutiert werden soll:

Es könnte sein, dass es keinen Sinn macht Ziele anzustreben, weil es kaum Entscheidungsspielräume gibt, die Betriebe sind von den öffentlichen Plänen und Steuerungen abhängig.

Es könnte sein, dass soziale Träger gerade deswegen mit öffentlichen Aufgaben betraut werden, weil sie flexibel sind und weil sie keine konkreten oder eigenen Ziele verfolgen.

Hierzu steht die Forschung noch ganz am Anfang.

Gleichwohl macht es auch für sozialwirtschaftliche Betriebe Sinn, sich mit Visionen und Zielen zu befassen, um sich somit gegebenenfalls wenigstens dieser Situation bewusst zu sein.

Außerdem ist ein Zielbildungsprozess zwischen den Stakeholdern immer dann sinnvoll, wenn marktwirtschaftliche Anteile im Aufgabengebiet enthalten sind oder die Koordination mit der Umwelt nicht nur über rein verwaltungswirtschaftliche Pläne, sondern auch durch marktwirtschaftliche Prinzipien gestaltet ist.

Aufgaben   ·??·

Aufgabe 1:

Welcher Ansatz ist Ihrer Meinung nach für Betriebe der Sozialwirtschaft besser geeignet? Vergleichen Sie die sozialwirtschaftlichen Ansätze auch mit Wirtschaftsbetrieben.

Aufgabe 2:

Beschreiben Sie mögliche eintretende Situationen, durch die sich die Ziele des Betriebes kurz- oder langfristig ändern können.

Fallstudie   ·⇆·

Aufgabe 1:

Beschreiben Sie die Stakeholder des Vereins und Ihre Beiträge zum Betrieb und die entstehenden Ansprüche.

Aufgabe 2:

Lassen sich aus der Fallstudie Anhaltspunkte für mögliche Strategien oder Visionen und Ziele des Vereins erkennen?
Beschreiben Sie diese gegebenenfalls.

Aufgabe 3:

Der Verein steht vor einem Umbruch.
Beschreiben Sie mögliche Veränderungen in der Geschäftstätigkeit und wie der Verein sein Handeln daran ausrichten sollte.

6 Wie interagieren Betriebe mit der Umwelt?

Sie wissen jetzt, dass sich die Ziele des Betriebes auch durch die Anspruchsgruppen, also die Stakeholder, des Betriebes ergeben und, dass sich die Betriebe durch den Kontakt zu diesen Stakeholdern in einer ständigen Interaktion mit der Umwelt befinden und versuchen, die verschiedenen Bedürfnisse untereinander auszutarieren.

Gleichzeitig stehen dem Betrieb nur Produktionsfaktoren[19] in einer bestimmten quantitativen und qualitativen Menge, also zum Beispiel eine bestimmte Anzahl von Mitarbeitern mit unterschiedlichen Qualifikationen oder räumliche Gegebenheiten, zur Erfüllung dieser Erwartungen der Stakeholder zur Verfügung. Ziele und Ressourcen stehen also in einem Spannungsverhältnis und müssen sorgfältig miteinander abgewogen werden, um die Aufgaben des Betriebes erfüllen zu können. Dies ist wiederum nur dann möglich, wenn die Aufgabenerfüllung des Betriebes geplant wird. Die Bedürfnisse der Menschen, die die Erwartungen der Stakeholder bestimmen, und die dem Betrieb zur Zielerreichung zur Verfügung stehenden Produktionsfaktoren fließen also in die Pläne des Unternehmens ein.

Die Planung ist also ein wichtiges Instrument, um eine Auswahl an Handlungsalternativen zu treffen, die den Erfolg des Unternehmens sichern sollen.

---

[19] zu den Produktionsfaktoren haben Sie bereits in vorigen Kapiteln näheres erfahren; erinnern Sie sich noch an die verschiedenen Faktoren?

6.1 Planung

Planung heißt die Zukunft mit den möglicherweise auf den Betrieb zukommenden Problemen gedanklich vorwegzunehmen und eine Lösung durch Abwägen der verschiedenen Handlungsalternativen auszuarbeiten. Planen bedeutet also, Entscheidungen zu treffen, die in die Zukunft gerichtet sind. Diese ist nicht oder nur bedingt vorhersehbar, deshalb können die Pläne auch nur eine Annäherung sein. Trotzdem sind sie zur Orientierung wichtig. Pläne haben Modellcharakter.

Sie sehen also, dass Planung ein Instrument ist, das – zwangsläufig – auf die Zukunft gerichtet ist, und sich damit mit den Gegebenheiten der Zukunft auseinandersetzen und diese berücksichtigen muss. Wie Sie bereits wissen, sind diese Gegebenheiten der Zukunft aber ungewiss. Durch die Planung soll also eine Möglichkeit gegeben werden, um die Unsicherheit der Zukunft vorherzusehen und das Handeln des Betriebes darauf auszurichten. Es wird also in gewissem Sinne durch die Planung eine Sicherheit für das Handeln gegeben.

Sicher haben Sie schon einmal festgestellt, dass die eigentliche Haushaltsplanung, etwa eines Vereins oder des Bundes beziehungsweise der Länder, nicht viel über die Realität und den tatsächlichen Stand aussagt. Die Vorgaben, die durch die Planung gemacht wurden, die also Sicherheit bieten sollen, konnten nicht eingehalten werden. Dies liegt an der Ungewissheit der Zukunft und der Veränderbarkeit der Umwelt.

Um Handeln zu können, werden also nicht nur statische Größen benötigt, sondern auch solche, die

> ➤ sich anpassen
> ➤ so zeitnah sind, dass eine Reaktion möglich ist
> ➤ auf einen überschaubaren Zeitraum bezogen sind

Passen sich die Größen aber an und sind nur auf einen kurzen Zeitraum bezogen, geben Sie keine Sicherheit mehr.

Planung verfolgt zwei Zielrichtungen, die oft nicht kompatibel sind: Sicherheit und Realitätsbezug.

6.1.1 Sicherheit und Realitätsbezug – das Planungsdilemma

Sie erkennen, je starrer eine Planung ist, zum Beispiel ein Haushalt, desto weniger bezieht sie sich auf die aktuellen Veränderungen der Umwelt, die zum Beispiel durch veränderte Auslastung des Betriebs, durch plötzlichen Personalausfall oder veränderte Wettbewerbssituation entstehen.

Ist die Planung hingegen dynamisch und flexibel, bietet sie weniger Sicherheit.

Aus diesen konkurrierenden Zielen entsteht das sogenannte *Planungsdilemma*. Zum Verständnis soll das folgende Diagramm dienen:

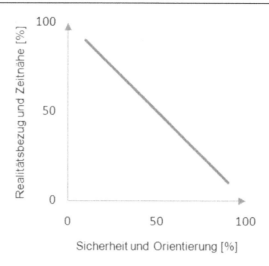

Diagramm 1: Planungsdilemma

Findet also eine Festlegung auf *eine* Planungsart – entweder Jahreshaushalt *oder* Tagesplanung – statt, bietet dies die optimale Erreichung von jeweils *einem* Planungsziel – also entweder Realitätsbezug *oder* Handlungsorientierung. Dies führt dazu, dass ein sehr hohes Risiko durch die Vernachlässigung des jeweils anderen, ebenfalls wichtigen Ziels entsteht.

Wie Sie aus dem Diagramm ableiten können, gibt es auch die Möglichkeit Mittelwege zu finden – zum Beispiel 50% Realitätsbezug und 50% Sicherheit. Dies bietet jedoch weder genug Realitätsbezug, noch einen verlässlichen Orientierungsrahmen und ist somit für die Führung eines Betriebes nicht geeignet.

Die Lösung ist durch *Planungsdifferenzierung* möglich: Dabei werden die zu planenden Handlungen auf die jeweils besonders geeigneten Planungsmethoden aufgeteilt und die verschiedenen Planungsebenen werden miteinander verknüpft.

6.1.2 Möglichkeiten der Planungsdifferenzierung

Zur Planungsdifferenzierung stehen verschiedene Möglichkeiten zur Verfügung: Differenzierung nach *Zeithorizont*, nach *Planungsgegenständen*, nach *Adressaten* und nach den *Besonderheiten der Branche*.

6.1.2.1 Nach Zeithorizont

Eine Möglichkeit der Differenzierung besteht daran, die Planung nach Planungshorizonten zu staffeln: man unterscheidet *strategische* Planung (langfristig), *taktische* Planung (mittelfristig) und *operative* Planung (kurzfristig).

Art der Planung	Merkmale	Planungshorizont
Strategisch	Sie legt grundlegende Entwicklungen fest, zum Beispiel: Aufstockung der Heimplätze, da überwiegend ältere Bevölkerungsschichten im Umfeld sind; Einstellen eines Geschäftsfeldes, da die Konkurrenz auf diesem Gebiet leistungsstärker ist	3 - 10 Jahre
Taktisch	Sie geht aus der strategischen Planung hervor, konkretisiert die Grundsatzentscheidungen. Hier werden mittelfristige Handlungsprogramme erarbeitet, die den einzelnen Bereichen Aufgaben zuordnen.	1-5 Jahre
Operativ	Hier werden konkrete Pläne für die nahe Zukunft gemacht, beispielsweise der Monatsplan einer Sozialstation.	ein Monat/Quartal/ Jahr

Tabelle 3: Zeithorizonte der Planung

Alle drei Stufen sind notwendig. Sie haben Vorzüge und Nachteile und müssen miteinander verknüpft werden, um die jeweiligen Nachteile zu korrigieren.

6.1.2.2 Nach Planungsgegenstand

Es wird der Gegenstand betrachtet, für den die Planung gemacht wird. Hier soll vor allem zwischen zwei Bereichen unterschieden werden: Bereichen, die wenig flexibel sind und für die der Orientierungsaspekt überwiegt, und solche Bereiche, die notwendigerweise flexibel sein müssen und bei denen die Anpassung an die sich schnell ändernden Umweltbedingungen überwiegt.

Dominiert der Orientierungsaspekt, bietet sich die Planung über ein *Budget* an; dominiert hingegen der Realitätsbezug und die Zeitnähe, sind *Entscheidungsregeln* sinnvoll.

6.1.2.3 Nach Adressaten

Sie wissen bereits, dass es am Geschehen in einem Betrieb unterschiedliche Beteiligte gibt. Diese haben alle verschiedene Aufgaben und Zuständigkeiten und als Folge dessen auch unterschiedliche Informationsbedürfnisse und Informationsrechte.

Es kann somit auch sinnvoll sein, die verschiedenen Aspekte betrieblichen Geschehens unter *Adressatengesichtspunkten* in Planungssysteme zu sortieren. Die Folge ist, dass der Betrieb durch parallele Planungssysteme besonders gut „ausgeleuchtet" wird.

Als mögliche Adressaten sind beispielhaft zu nennen: Mitarbeiter, Kunden, Aufsichtsgremien, Gesellschafter oder Mitglieder, Banken,

Zuschussgeber, die Öffentlichkeit, Spender und Sponsoren, Kooperationspartner.

Die Planungen in Bezug auf Kunden und Mitarbeiter benötigen hohe Flexibilität. In Bezug auf die übrigen Adressaten stehen die Stabilitätsaspekte im Vordergrund.

6.1.3 individuelle Planungsdifferenzierungen

Werden unter anderem die oben aufgeführten Empfehlungen (Kapitel 6.1.2; S. 67) berücksichtigt, ergeben sich individuelle Planungsdifferenzierungen, die insbesondere für den sozialen Bereich gelten:

Planungsdifferenzierung	Beschreibung
Eine *strategische Planung*	Dies sind langfristige, schwerwiegende, umfangreiche Festlegungen. Staatliche Pläne und Rahmenvereinbarungen sind zu berücksichtigen. Die Entwicklung der sozialen Sicherheit ist abzuschätzen, Ziele und Visionen sind zu entwickeln und einzubringen. Zur Verfügung stehende Ressourcen und Potentiale sind einzuschätzen.
Eine *operative Jahresplanung* für abschätzbare und festlegbare Größen	Einen Schwerpunkt stellt aus vielerlei Hinsicht immer noch die Jahresperspektive dar. In vielen auf externe Adressaten und Handlungsorientierung ausgerichteten Einzelplänen umfassen diese Jahresplanungen alle prognostizierten Aufwendungen und Erträge eines Jahres. Für die interne Steuerung sind aus dem Bereich der Jahresplanung vor allem die Grundkostenplanung und die Budgetierung interessant.

Planungsdifferenzierung	Beschreibung
Regeln für *kurzfristige Anpassungsentscheidungen* an die Auslastung	Beispiele hierfür sind Stellenschlüssel, Verbrauchsregeln, Richtlinien. Es müssen aber auch Regelungen geschaffen werden, die beschreiben, wann und von wem die Richtlinien anzuwenden und zu überwachen sind. In sozialen Betrieben steht die auslastungsabhängige Steuerung des Personaleinsatzes an erster Stelle, da die Personalkosten den größten Kostenblock darstellen.

Tabelle 4: individuelle Planungsdifferenzierung

6.1.3.1 Grundgrößenplanung und Budgetierung: Verfahren der Jahresplanung

Die Grundplanung umfasst Kosten, Mengen und Größen der wenig beeinflussbaren Sphären wie Gebäude, Verwaltungspersonal, Mieten für Räume und Geräte sowie Versicherungen und Zuschüsse. Sie dient im Wesentlichen dazu, alle diesbezüglichen Erwartungen vollständig aufzulisten und sich darauf einzustellen.

Die kurzfristige Planung bietet diese Positionen dann gleichzeitig eine Art Fixkostenblöcke.

Der Hauptzweck der Grundkostenplanung ist somit *nicht* die monatsbezogene Genauigkeit – so kann der veranschlagte Betrag durch unregelmäßige Aufwendungen, wie Versicherungen oder Reparaturkosten für Geräte, variieren – sondern er liegt in erster Linie auf der Vereinfachung; dadurch bleibt mehr Handlungsspielraum, um sich auf die schwieriger zu handhabenden, auslastungsabhängigen variablen Kosten und Größen konzentrieren zu können.

Die Budgetierung behandelt Aufwendungen, die bewusst gesteuert werden sollen, also gut und kurzfristig beeinflussbare Kostenarten, wie Betreuungsmaterial, Lebensmittel oder Reisekosten. Sie ermöglicht die motivierende Delegation von Entscheidungen auf hierarchisch tieferliegende Ebenen. Sie erleichtert das Mitdenken, grenzt Verantwortlichkeiten ab und erlaubt eine leichte Kontrolle.

6.1.3.2 Zeitnahe Steuerung mit Planungsalgorithmen

In dieser letzten Gruppe werden die Größen, die zeitnah angepasst werden müssen, geplant. Aber statt feste Budgets vorzugeben werden als Orientierungshilfe Rechenoperationen oder Bedingungsgefüge erlassen oder vereinbart oder vermittelt, die es erlauben zeitnahe Anpassungen vorzunehmen ohne sich in der Beliebigkeit zu verlieren. So werden Bezüge hergestellt zwischen der aktuellen Auftragslage (gemessen in Betreuungsstunden, Schweregraden, Umsatz) und den einzusetzenden Mitteln (z.B. Personal, Räume, Material, Geld). Konkret kann das so aussehen, dass die Schichtstärke sich täglich am Betreuungsbedarf zu orientieren hat oder die Dauer einer Tour der ambulanten Pflegekraft am Umsatz des Tages. Dafür gibt es unterstützende computergesteuerte Rechenprogramme, die dennoch individuelle Ausnahmen zulassen, solange diese sich über die Zeit neutralisieren.

6.1.4 Beispiel einer Planungsmatrix

Sie haben in diesem Kapitel erkannt, dass es ein Planungsdilemma gibt, dass durch das gleichzeitige Streben nach Realisierung von Sicherheit, Orientierung und Flexibilität, Realitätsnähe entsteht. Sie haben auch erkannt, dass diese Gleichzeitigkeit beider Aspekte nicht erreicht werden kann, und dass der Ausweg aus diesem Dilemma in der Planungsdifferenzierung liegt. Hierzu bietet es sich unter anderem an, eine Differenzierung nach dem Zeithorizont vorzunehmen, dazu soll Ihnen die nachfolgende *Planungsmatrix für ambulante und stationäre soziale Einrichtungen* (Tabelle 5) das Gelernte verdeutlichen.

	Strategische Planung	Operative Planung	
	Mehrjährige, schwerwiegende, volumenstarke Grundentscheidungen	Jahresgrundmengenplanung	Feinsteuerung: Monatsorientierung
Analyse, Bedingung	Umwelt/Unternehmen	Erfahrung Sprunggrenzen Absichten	Patientenzahlen Auftragslage
Planungsgegenstände	Schwerpunkte Geschäftsfelder Rücklagenanteil Leistungsstruktur Rechtsform	Miete Verwaltung Zuschussannahmen Rückstellungsgrad	enge Kopplung von Personalkosten an Erträge
Kontrolle	Veränderungsbeobachtung, Erfolgsbeurteilung	ausreichend? Sprünge eingetreten? Risiken erhöht?	Deckungsgrad Flexibilität
Anpassung, Überprüfung	Kurskorrektur Reserven mobilisieren/verbrauchen	Neuberechnung Sprünge realisieren	Arbeitsabläufe Motivation Information

Tabelle 5: Planungsmatrix für ambulante und stationäre soziale Einrichtungen

6.1.5 Der Planungsprozess

Der Erfolg von Planung hängt nicht nur von der Wahl eines geeigneten und differenzierten Planungssystems ab. Pläne sind die Fortschreibung der Gegenwarts- und Vergangenheitserfahrung in die Zukunft. Sie müssen während ihrer Umsetzungsphase regelmäßig auf ihre weitere Eignung überprüft werden. (Stähle, 1999, S. 543f)

Für diese Dynamik wird daher vorgeschlagen, ein sogenanntes Gegenstromverfahren zu installieren. Das heißt, dass zum einen von der Unternehmensleitung Vorgaben entwickelt werden, die als Orientierung für alle dienen. Diese werden von oben nach unten („top-down") übermittelt. Zum anderen aber wird zugelassen und angeregt, dass alle Beobachtungen von Mitarbeitern bei der Vorbereitung und Umsetzung des Planes gesammelt werden und in die nächste Planungsrunde einfließen. Ein Plan wird nicht nur „top-down" vorgegeben, sondern auch „bottom-up", also von unten nach oben revidiert, ergänzt und überarbeitet. Im Idealfall ist dies ein sich ergänzender kontinuierlicher Prozess.

Neben dieser zeitlichen und hierarchischen Perspektive gibt es aber noch diverse andere Aspekte, die Planung prägen und differenzieren können und sollen. Bitte machen Sie sich klar, dass Menschen und Unternehmen mitnichten nur plangesteuert agieren. Auch hier handelt es sich um hilfreiche Modelle. Insofern decken Planungsprozesse immer nur einen Teil der betrieblichen Wirklichkeit ab.

Im Folgenden bekommen Sie noch eine grafische Idee von den verschiedenen Perspektiven, die einen Planungsprozess prägen können und die Anregungen zu Planungsdifferenzierung geben.

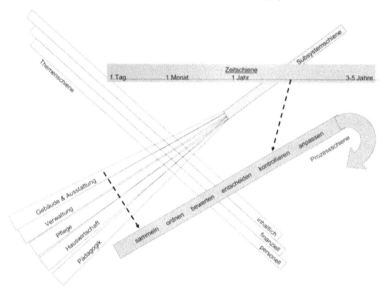

Abbildung 5: Anforderungen an Planungsverfahren

Die Abbildung möchte Ihnen veranschaulichen, wie viele Schienen oder Ebenen parallel oder ineinander verwoben im Planungsprozess Berücksichtigung finden wollen. Natürlich muss im Alltag ein Planungsprozess beschritten und kommuniziert werden, der überschaubar und aufeinander aufbauend erscheint. Meist geschieht das dadurch, dass die in Wirklichkeit komplex verwobenen Schichten auseinander genommen und vereinfacht werden. In unserem Begreifen von Betrieben als sozialen Systemen dürfen wir aber durchaus den Versuch wagen, die verschiedenen Ebenen und Handlungsstränge transparent zu machen. Dies hilft den am Planungsprozess Beteiligten spätestens dann, wenn der Prozess ins Stocken gerät oder kein befriedigendes Planungsergebnis liefert. Dann kann man versuchen, andere Zeithorizonte, andere Gewichtungen der Themen oder eine bewusste Auswahl der Subsysteme zu wählen, um die Widerstände zu überwinden. In einem systemischen Gebilde gibt es nach systemischem Verständnis eben gerade keine zwingend logische mechanistische Abfolge in der Entwicklung von Lösungen. Alle Elemente beeinflussen sich gegenseitig, weshalb es auch verschiedenste Ansatzpunkte gibt.

6.2 Deskriptive Planungsmodelle

Wegen der großen Bedeutung der Planungsmodelle für das Verständnis von Betriebswirtschaft als einer Sozialwissenschaft und damit dem originären Zugang für Sozialwirtinnen sei im Folgenden noch einmal auf verschiede betriebswirtschaftliche Untersuchungen und Modellierungen eingegangen, die den Mensch und sein Verhalten in den Mittelpunkt stellen.

Dieses Kapitel ist ein Beitrag von Bernadette Miller[20]:

„Die empirische bzw. die deskriptive Entscheidungstheorie hat das faktische Entscheidungsverhalten von Individuen und Gruppen bzw.

---

[20] Aus der Diplomarbeit Miller, Bernadette: Steuerungs- und Vergleichszahlen für Organisationsentscheidungen im hauswirtschaftlichen Bereich der stationären Altenhilfe; Kempten, 2007.

Organisationen zum Gegenstand.[21] Als verhaltenswissenschaftliche Entscheidungstheorie postuliert sie Entscheidungen in Organisationen als von organisatorischen Bedingungen beeinflusstes oder begrenztes Entscheidungsverhalten von Individuen. Demnach stellt sich die Frage nach dem Entscheidungsverhalten in Organisationen zweigliedrig dar:

1. Wie treffen Individuen Entscheidungen?
2. Wie beeinflussen Organisationen das Entscheidungsverhalten von Individuen?[22]

Zur Veranschaulichung des *individuellen Entscheidungsverhaltens* dient der allgemeine Ansatz nach dem SOR – Modell, wonach der Mensch Stimuli (S) in seinem Organismus (O) zu Reaktionen (R) verarbeitet:

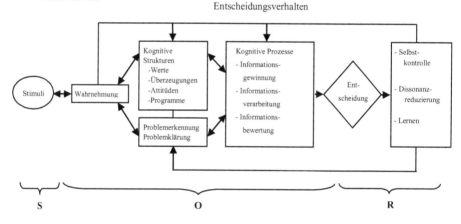

Abbildung 6: **SOR-Model (aus: Gabler Wirtschaftslexikon (2000), S. 928)**

---

[21] Vgl. Schreyögg (2003), S. 66.

[22] Vgl. Kieser/Ebers (2006), S. 177.

Hierbei wird das Konzept der begrenzten Rationalität von Simon (1976) zu Grunde gelegt, wonach Individuen zwar intentional rational handeln, faktische Entscheidungen jedoch aufgrund einer nur begrenzt vorhandenen, kognitiven Informationsverarbeitungskapazität[23] dem Idealbild der objektiven Rationalität nicht standhalten können.[24] Da Individuen jedoch trotz einer begrenzten Rationalität vernünftige und intelligente Entscheidungen treffen müssen, verwenden sie (wir) hierfür insbesondere die folgenden vier Entscheidungsregeln:

(1) Aufgabe optimaler Lösungen zugunsten befriedigender Lösungen (nicht statisches Anspruchsniveau)

(2) subjektive Situationsdefinition und selektive Wahrnehmung

(3) habituelles Verhalten für Routineentscheidungen

(4) Bildung von Organisationen

---

[23] Zur weiteren Begründung der begrenzten Rationalität führt Simon die folgenden drei Aspekte auf: die Unvollständigkeit des Wissens, die Schwierigkeit der Bewertung zukünftiger Ereignisse und die begrenzte Auswahl an Entscheidungsalternativen. Vgl. Kieser/Ebers (2006), S. 177f.

[24] Die deskriptive Entscheidungstheorie verabschiedet sich in zweierlei Hinsicht vom Modell des Homo oeconomicus, auf dem die normative Entscheidungstheorie basiert. Dies begründet sich erstens im Konzept der begrenzten Rationalität und zweitens in der modellmäßigen Vereinfachung der präskriptiven Theorie, wonach ein einziger (organisationsloser) Entscheidungsträger ein Ziel verfolgt.

Entsprechend der Entscheidungsregel (4) machen sich Individuen die Funktion der Organisation, Komplexität und Unsicherheit zu reduzieren - durch die organisatorischen Mechanismen Arbeitsteilung, standardisierte Verfahren, Hierarchie, formale Kommunikation und Indoktrination - zu nutzen, um Entscheidungsträger in eine vereinfachte Entscheidungssituation zu versetzen. Schreyögg formuliert hierzu: „Die Organisationsmitglieder entscheiden nicht autonom, sie werden in ihren Entscheidungen und den dazu notwendigen Vorbereitungen in mannigfaltiger Weise von der Organisationsstruktur und der ihr eigenen Dynamik (informelle Organisation) beeinflusst."[25]

Das Modell der Organisatorischen Differenzierung (1.) analysiert Entscheidungsprozesse im Hinblick darauf, dass Organisationen aufgrund ihrer formalen und informalen Organisationsstruktur komplexe Systeme mit einer Vielzahl an Regel- und Subsystemen sind. In Entscheidungsprozessen entsteht zwischen den organisatorischen Subsystemen ein konfliktäres Verhältnis, da diese entsprechend der Arbeitsteilung und Spezialisierung häufig unterschiedliche, meist nicht gleichzeitig zu befriedigende Ziele, verfolgen. Der hierzu von Cyert/March entwickelten Theorie (welche auf dem Konzept der begrenzten Rationalität von Simon aufbaut) folgend, werden Entscheidungsprozesse durch die folgenden *vier spezifischen Merkmale von Organisationen* beeinflusst: (1) *Quasi – Konfliktlösung*, d. h. Entscheidungen stellen ausgehandelte Kompromisse zwischen den Subsystemen dar; (2) *Vermeidung von Unsicherheit*, d. h. Organisationen

---

[25] Schreyögg (2003), S. 68.

begegnen einer komplexen Umwelt weniger damit, zukünftige Entwicklungen zu prognostizieren, sondern verlassen sich entweder auf Feedback – Reaktionen oder versuchen sie durch aktive Beeinflussung (wie z. B. Lieferverträge, Preisabsprachen, etc.) beherrschbar zu machen; (3) *Problemlösungssuche*, d. h. Entscheidungsprozesse sind Suchprozesse, welche determiniert werden durch die Organisationsstruktur, einfachen Regeln folgen und Alternativen in der Nachbarschaft des Bekannten auf zu spüren versuchen; (4) *Organisationales Lernen*, d. h. „adaptives Lernen" und entspricht einer lediglich schrittweisen Anpassung der Ziele, der Aufmerksamkeitsregeln und des Problemlösungsverhaltens entsprechend der organisatorischen Erfahrung; Entscheidungen mit tief greifenden Auswirkungen werden demnach nur in Ausnahmefällen getroffen. Dabei erfahren diese vier Merkmale jeweils eine Steuerung durch die Verwendung eingespielter, sowie auf Erfahrung und Tradition aufbauender Praktiken, welche - bildlich gesprochen - die unsichtbare Hand darstellen, die die Subziele wieder auf das gemeinsame Organisationsziel lenken.

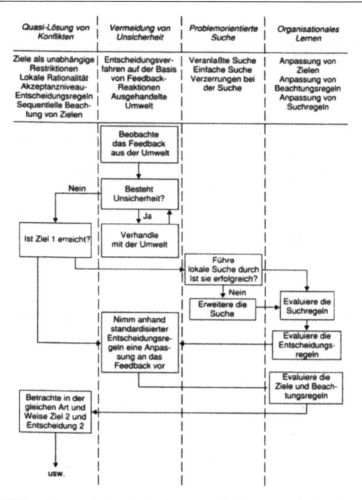

Abbildung 7: Der organisationale Entscheidungsprozess in abstrakter Form (aus Cyert/March (1995), S. 168)

Das zweite Modell der organisatorischen Entscheidungstheorie, *das Modell des Politischen Prozesses*, zielt auf die Mikropolitik von Organisationen ab. Dem zu Folge sind Entscheidungen Ergebnisse politischer Spiele um Macht und Einflussnahme, wobei Mitglieder der

Organisation auf allen Hierarchieebenen beteiligt sind. Den Rahmen bildet die formale Organisationsstruktur mit der entsprechenden Zuweisung von Aufgaben-, Kompetenz- sowie Entscheidungsbereichen. Im Mittelpunkt des Interesses steht der Kampf um die Verteilung der knappen, organisationalen Ressourcen. Das Verhalten der Entscheidungsträger spiegelt dabei primär kein objektiv rationales Verhalten wider, sondern ist vielmehr das Ergebnis subjektiver Hintergrundmotive (wie z. B. Macht- und Prestigestreben, Angst vor Gesichtsverlust, Karrieremotiven, Förderung eigener Interessen, etc.), welche nicht offen sichtbar sind, sondern „hinter den Kulissen" ablaufen.

Gehen die beiden zuvor genannten Modelle noch von einer eindeutigen Zuordnung der Elemente des Entscheidungsprozesses (Entscheidungsgelegenheit, Problem, Lösungen und Teilnehmer) aus, so beschäftigt sich *das Modell der Organisierten Anarchie (3.)* mit Entscheidungssituationen, in welchen diese Zuordnung aufgelöst ist.

Hierbei handelt es sich um sog. „Mehrdeutige Situationen", bei denen unklar ist, welche Lösungen zu welchem Problem passen, welche Probleme bei welcher Entscheidungsgelegenheit behandelt werden, wer die jeweils zuständigen Entscheidungsträger sind und welches Ziel verfolgt werden soll. Darüber hinaus ist auch der dem Problem vorausgehende und in der Organisationsvergangenheit liegende Prozess nicht immer eindeutig determinierbar. „Was geschehen ist, warum es geschehen ist, und ob das Geschehene notwendig war, ist unklar."[26]

---

[26] Kieser/Ebers (2006), S. 186.

In dem für derartige Entscheidungssituationen in Organisationen konzipierten „Mülleimer – Modell" erfolgt aufgrund dessen ein Vergleich mit Mülleimern, in die verschiedene Akteure vielfältige Entscheidungsprobleme und Lösungen hineinwerfen. Inwiefern nun ein Problem dafür entdeckt wird, Gegenstand eines Entscheidungsprozesses zu werden, ist abhängig davon, wie viele und welche anderen Entscheidungsgelegenheiten sich gleichzeitig ergeben, mit welchen Problemen eine Organisation aktuell konfrontiert ist, welche Lösungsangebote vorhanden sind, wie die Organisationsmitglieder ihre Zeit und Aufmerksamkeit auf verschiedene Entscheidungen verteilen und wie viel Zeit für die jeweilige Entscheidung zur Verfügung steht. Den Ausführungen von Schreyögg folgend sind die Ergebnisse solcher Entscheidungsprozesse „[…] daher das Produkt eines komplexen Geflechts vielfach ineinander fließender Prozesse der Interpretation und Interaktion, Einwirkungen von „außen" (z. B. Termine, Fristen), spontaner Aktionen, wobei in nicht wenigen Fällen Zufälle für den Ausgang des Prozesses ausschlaggebend sind."[27] Dementsprechend wird bei derartigen organisatorischen Entscheidungsprozessen das Prinzip bzw. die Annahme einer Entscheidungsrationalität beinahe vollständig verlassen.[28]"

---

[27] Schreyögg (2003), S. 430.

[28] Zu den Ausführungen des Gliederungspunktes 2.1.2 vgl. Cyert/March (1995), S. 155 – 169, Schreyögg (2006), S. 66 – 68 sowie die S. 425 – 445 und auch Kieser/Ebers (2006), S. 169 – 214.

6.3 Strategisches Management

Sie wissen aus den vorangegangenen Kapiteln, was Ziele sind, wie diese entstehen und den Betrieb beeinflussen. Auch wissen Sie inzwischen etwas über die Planung, das darin liegende Problem und wie man diesem entgeht.

Noch wenig erfahren haben Sie allerdings über die möglichen Prozesse, mit deren Hilfe solche Pläne gemacht werden.

Was früher als Fortune, unternehmerisches Geschick, Weitsicht oder auch Intuition gehandelt wurde, muss nun – ob der zunehmenden Größe, Komplexität und Veränderungsgeschwindigkeit, mit denen sich Unternehmen konfrontiert sehen – zu einem unternehmerischen Prozess werden, an dem Viele beteiligt sind und der sicherstellt, dass die aktuellen und zukünftigen Herausforderungen wahrgenommen, bearbeitet, abgehandelt und in Reihenfolge gebracht werden.

Die *strategische Unternehmensführung* oder das *strategische Management* sind seit nunmehr zwei Jahrzehnten ein wichtiges Thema.

Zu eben diesem Thema gibt es rund zwanzig verschiedene wissenschaftliche Modelle. Viele basieren auf immer ähnlichen Bausteinen und Instrumenten; viele sind zu kompliziert oder zu theoretisch, um sie eins-zu-eins in der Praxis umsetzen zu können.

Nun ist es zum einen wichtig, einige grundlegende Instrumente zu kennen und zum anderen den Grundgedanken des Bemühens um eine explizite Erarbeitung von Strategien zu übernehmen. Außerdem vermittelt sich auch hierdurch wieder unser integriertes Verständnis von Betrieb als System von Menschen, die sich in Prozessen bemühen, einer erfolgreichen Aufgabenlösung immer näher zu kommen.

6.3.1 Grafischer Überblick

Zunächst soll im Folgenden der *strategische Prozess* in Anlehnung[29] an das Modell zum strategischen Management nach Steinmann/Schreyögg (2005, S. 172) näher dargestellt werden.

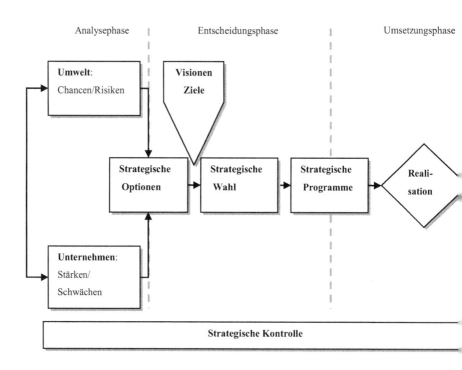

Abbildung 8: Modell zum strategischen Management in Anlehnung an Steinmann/Schreyögg (2005, S. 172)

---

[29] im von Steinmann/Schreyögg entwickelten Modell kommt der Einfluss des Unternehmenswillens auf den Prozess etwas zu kurz, daher wird – aus heuristischen Gründen – das Originalmodell um den Aspekt „Visionen und Ziele" ergänzt.

Die einzelnen Elemente sollen nun näher beleuchtet werden.

6.3.1.1 Analyse von Umwelt und Unternehmen

Der Selektionsprozess beginnt immer mit der strategischen Analyse, denn sie schafft die nötigen Informationen für den weiteren Prozess; sie besteht aus den jeweils gleich wichtigen Teilen *Umweltanalyse* und *Unternehmensanalyse*.

Zusammengefasst entspricht sie in etwa dem als SWOT-Analyse bekannten Modell. Es sollen also die Stärken und Schwächen des Unternehmens (*S*trengths and *W*eaknesses) und die Chancen und Risiken (*O*ptions and *T*hreats), die sich aus der Umwelt ergeben, gleichermaßen beleuchtet werden.

Bei der **Umweltanalyse** wird versucht, die komplexe Umwelt durch systematische Untersuchung interner und externer Quellen zu strukturieren, um somit eine informierte Entscheidung treffen zu können. Da die Umwelt äußerst komplex ist, und sie noch dazu von ständigen Veränderungen geprägt ist, kann eine solche Analyse, so genau und umfangreich sie auch gemacht wird, nur Modellcharakter haben und die Unsicherheiten der Entscheidung nie komplett ausschließen.

Die Leitthemen sind Chancen und Bedrohungen. Der strategische Handlungsspielraum des Betriebes ist einerseits durch, von der Umwelt vorgegebene, Grenzen eingeengt und andererseits bietet sich auch Raum für Handlungsmöglichkeiten und strategische Programme. Die Möglichkeit diese Räume zu nutzen, ist durch die Möglichkeiten des Unternehmens aber auch durch die Findigkeit Lücken im Gegebenen zu finden, bestimmt. Die Umwelt ist Grenze für Handlungen und Gegenstand strategischer Veränderungen zugleich.

Die Umweltanalyse erfolgt meist auf zwei Ebenen: der allgemeinen Umwelt und den spezifischen Wettbewerbsbedingungen der Märkte, in denen der Betrieb agiert.

Die Analyse der *allgemeinen Umwelt* sollte so breit wie möglich angelegt werden, um möglichst alle Entwicklungen erfassen zu können. Dazu lässt sich die globale Umwelt in fünf Sektoren unterteilen. (vgl.: Abbildung 9; (Steinmann & Schreyögg, 2005, S. 178))

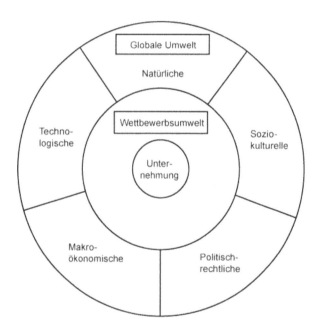

Abbildung 9: Sektoren allgemeiner Umweltanalyse

(1) *makro-ökonomische Umwelt*: Zukünftige Entwicklungen sowie nationale und internationale ökonomische Einflussgrößen, oder die Entwicklung der Demographie, der Arbeitslosenquote oder der Konjunktur.

(2) *technologische Umwelt:* Gemeint ist die Berücksichtigung technologischer Veränderungen, wie die Entwicklung neuer Kommunikations- und Informationstechnologien.

(3) *politisch-rechtliche Umwelt*: Es geht darum, die Einflüsse politischer Entscheidungen auf die wirtschaftlichen Entwicklungen der Märkte zu berücksichtigen.

(4) *sozio-kulturelle Umwelt*: Gesellschaftliche Werte und deren Veränderung müssen erfasst werden.

(5) *natürliche Umwelt*: Hier sollen die ökologischen Bedingungen und deren Veränderung (zum Beispiel durch den Klimawandel) auf die wirtschaftliche Umwelt des Unternehmens berücksichtigt werden.

Die *Geschäftsfeldanalyse* stellt die Analyse der engeren wirtschaftliche Umwelt, also des Marktes oder der Branche, des Betriebs dar.

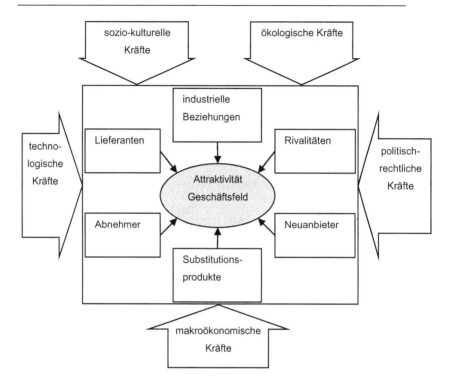

Abbildung 10: engere wirtschaftliche Umwelt (Steinmann & Schreyögg, 2005, S. 191)

Es soll analysiert werden, wie die Struktur und die Attraktivität eines Marktes beschaffen ist.

(1) *Neuanbieter*: Neuanbieter stellen immer eine Bedrohung für die etablierten Betriebe dar, denn sie verändern die geschaffenen Strukturen. Die Wahrscheinlichkeit des Eintritts neuer Anbieter hängt von der Höhe der Markteintrittsbarrieren ab.

(2) *Abnehmer*: Hier geht es um die Analyse neuer Bedürfnisse oder verändertes Verhalten der Konsumenten.

(3) *Lieferanten*: Die Verhandlungsstärke von Lieferanten wird analysiert.

(4) *Substitutionsprodukte*: Hier geht es darum, durch welche anderen Produkte die angebotenen Produkte ersetzt, oder mit Fachbegriff: substituiert, werden können. Zum Beispiel ambulante Pflege statt stationärer Pflege.

(5) *Rivalitäten*: Thema sind Rivalitäten der Anbieter untereinander, also die Frage wie intensiv der Wettbewerb auf einem Geschäftsfeld geführt wird.

(6) *Industrielle Beziehungen*: Analyse von Schranken, die der Gesetzgeber aufstellt und die das Handeln auf dem betroffenen Geschäftsfeld beeinflussen.

Sie sehen also, dass bei diesem Instrument, das für gewerbliche Betriebe entwickelt wurde, auch eine Vielzahl sozialer Komponenten berücksichtigt wird.

Nachdem nun alle relevanten Kräfte des externen Aktionsfelds und deren mögliche Entwicklung analysiert wurden, steht im Schritt der **Unternehmensanalyse** die Ermittlung der internen Ressourcen des Betriebes an, um somit durch den Abgleich der externen Kräfte mit den internen Stärken und Schwächen passende Strategiealternativen formulieren zu können.

Aufgabe ist es nun, die Möglichkeiten des Unternehmens zu erfassen, zum Beispiel Erfahrungen, Kosten der Mitarbeiter, zur Verfügung stehendes Kapital oder Qualität der angebotenen Dienstleistungen.

Sind sowohl die Umwelt als auch das Unternehmen analysiert, fließen noch die **Absichtsdefinitionen** und die Ausrichtung des Betriebs in die Analyse mit ein: Welche Visionen und Ziele hat der Betrieb?

Zusammengefasst besteht die Analysephase also aus der Erhebung und Analyse der Umwelt- und der Unternehmensdaten – einen Blick nach außen und gleichzeitig einen Blick nach innen werfen – plus die Ziele und Visionen des Betriebes.

Neben den eben beschriebenen Instrumenten gibt es noch weitere mögliche Analyseinstrumente:

> ➤ Auf die Umwelt gerichtet:
> - Wertschöpfungsketten-Analyse
> - Branchenstruktur- und Wettbewerbsanalyse
> - Konkurrentenanalyse
> - Produkt-Lebenszyklus-Untersuchung

> ➤ Auf das Unternehmen gerichtet:
> - Stärken-Schwächen-Analysen
> - Portfolioanalyse

6.3.1.2 Strategische Optionen

Ist die Analysephase abgeschlossen, folgt das Herzstück des strategischen Managements, die *strategischen Optionen*. Sie bieten Hilfestellungen und sind die Grundlage für Entscheidungen.

Für zukünftige Sozialwirtinnen ist es ein wichtiges Ziel, strategische Optionen zu entwickeln.

Strategische Optionen sind – vereinfacht gesprochen – eine Art Fragenraster, mit dessen Hilfe es leichter gelingt, Strategien zu verfassen und herauszufinden, welche Möglichkeiten zur Verfügung stehen; in welche Richtung man suchen und entscheiden muss. Interessanterweise zeigen die strategischen Optionen eben auch, dass es als erfolgreichen Weg nicht nur die *eine* Alternative des Marktführers gibt, sondern viele differenzierte Möglichkeiten. Die Optionen unterstützen also das Aufzeigen des Möglichkeitenspektrums.

Dies soll Ihnen nun am Beispiel des *strategischen Würfels* nach Steinmann/Schreyögg (2005, S. 200) verdeutlicht werden.

Der Strategische Würfel gliedert das Frageraster in drei Grundfragen auf, die in jeder Dimension ihre jeweilige Ausprägung finden; die drei Grundfragen behandeln den Ort, die Regeln und die Schwerpunkte des Wettbewerbs.

Bei der Frage nach dem *Ort des Wettbewerbs* geht es darum, wo der Betrieb in den Wettbewerb treten soll: Sollte eine Strategie gewählt werden, die den Kernmarkt oder nur eine Nische (also einen Teilmarkt) bearbeitet. Beschränkt sich der Betrieb auf eine Nische als Ort des Wettbewerbs, so entgehen ihm potentielle Gewinne, gleichzeitig kann er aber durch seine speziellen Stärken – im Vergleich zu den Wettbewerbern – diesen Teil des Marktes besser als andere Betriebe bearbeiten.

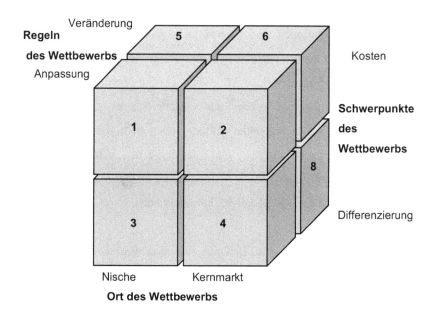

Abbildung 11: Der strategische Würfel (Steinmann & Schreyögg, 2005, S. 234)

Regeln des Wettbewerbs bezieht sich auf die Geschäftsfeldstruktur und fordert eine Entscheidung, ob eine Strategie gewählt werden soll, die unter den derzeitigen Rahmenbedingungen funktioniert (Anpassung) oder ob durch die Wahl der Strategie eine Veränderung der Wettbewerbsregeln erreicht werden soll (Veränderung). Die kann entweder über die optimale Platzierung des Betriebes in der Wettbewerbssituation erfolgen oder durch Innovationsstrategien.

Bei der Frage nach dem *Schwerpunkt des Wettbewerbs* steht der Betrieb vor der Entscheidung, ob er den Wettbewerb durch eine Kostenschwerpunktstrategie (also günstige Kosten) oder eine Leistungsdifferenzierungsstrategie (also Differenzierung vom Wettbewerb) bestreiten soll.

Fasst man die drei Grundfragen zusammen, ergeben sich acht Basisoptionen für die Wahl der Strategie, die als Würfel dargestellt sind (vgl. Abbildung 12) und je eine Strategie beschreiben: Würfel 1 ist die Strategie Anpassung an die Regeln bei Kostenschwerpunkt und Nischenbearbeitung; die anderen Würfel erklären sich analog dazu.

Welche Strategie gewählt wird, hängt genauso von Umwelt- und Unternehmensanalyse sowie den Zielen des Unternehmens ab, wie auch den möglichen Veränderungen denen die Vorteile der jeweiligen Strategie im Laufe der Zeit unterworfen sind.

Die Frageraster sind nicht bei allen Autoren gleich und manches Analyseinstrument kann auch als Hilfestellung zum Ausloten strategischer Optionen verstanden werden. Die Abgrenzung ist nicht immer trennscharf. So kann beispielsweise die Wertschöpfungskette sowohl ein Analyseinstrument für Potentiale der Branche sein als auch die Frage nach strategischen Optionen unterstützen.

Eine Auswahl von Fragerastern anderer Autoren stellen die nachfolgenden zwei Ansätze dar:

		teuer	Gleicher Preis	Billiger
Wettbewerbsvorteil „besser"	Besser	Qualitäts-management-Strategie	Preis/Leistungs strategie auf Leistungsbasis	Weltmeis-terstrategie
	Gleich gut	Problem-strategie: Prinzip Hoffnung	Pattstrategie	Preis/Leistungs-strategie auf Preisbasis
	Schlechter	Verlierer-strategie	Problem-strategie: Prinzip Hoffnung	Billiger-Jakob-Strategie

teuer Gleicher Preis Billiger

Wettbewerbsvorteil „billiger"

Abbildung 13: Wettbewerbsvorteile

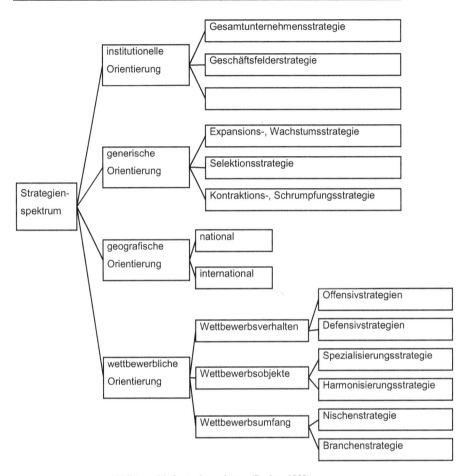

Abbildung 14: Strategienspektrum (Becker, 1998)

Wichtig ist es, die, den verschiedenen Systemen hinterlegten, Grundfragen zu erkennen und übersichtlich herauszustellen:

(1) Was?

Welche Leistungen bietet das Unternehmen an?

In welchem Feld, *in welchem Markt* betätigt es sich, engagiert es sich? Wo engagiert es sich nicht? Wo zieht es sich zurück?

In die <u>Breite</u> (horizontale Dimension) Risiko-, Synergie- und Finanzierungsaspekt: Auf Geschäftsfeldebene: Zusammenstellung des *Portfolios*

Sortiment innerhalb eines Geschäftsfeldes: *Spezialisierung oder Diversifikation* in den Produkten

In die <u>Tiefe</u> (vertikale Dimension) Effizienzaspekt: Teilbereiche oder volle Wertschöpfungskette

(2) Wie groß?

In welchem Umfang bietet es seine Leistungen an? Wettbewerbsbereich: *Kernmarkt oder Nische*; Vergleich der Anbieter: relative Unternehmensgröße; im Verhältnis zum Marktvolumen: welcher Anteil wird angestrebt?

(3) Welches Bedürfnis?

Welches Bedürfnis wird fokussiert?

Welches Qualitätsniveau - preiswert oder hochwertig

(4) Wo?

Welche geographische Ausdehnung: regional – überregional – international

(5) Welche Gliederung?

Organisatorisches Vorgehen: Nach *Sparten oder nach Regionen*

(6) Wie innovativ?

Anpassung an Trends, an den „Mainstream" in den Bereichen Produktgestaltung, Vertriebswege, Technologieeinsatz oder Erfolgsabsicht durch Veränderung, Alternativen, Innovation.

Die eben geschilderten Fragen seien als Bild noch einmal im Überblick angeboten:

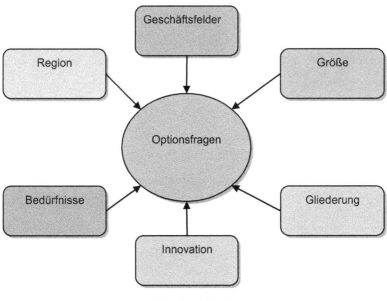

Abbildung 15: **Optionsfragen**

Im Folgenden sollen mögliche strategische Optionen am *Beispiel der Altenhilfe* ausschnittsweise dargestellt werden:

> ➢ nur Rüstige versus verschiedene Pflegestufen versus spezialisiert auf Krankheitsbilder, z.B. gerontopsychiatrisch erkrankte Bewohner

> ➢ Regional versus überregional

> ➢ Stationär, ambulant, teilstationär, gemischt

> ➢ Hohe Qualität und teuer versus niedrige Qualität und billig

> ➢ Solitär, in Arbeitsgemeinschaft, Verbandszugehörigkeit

> ➢ Möglichst einziger Anbieter versus in guter Nachbarschaft einer belebenden Konkurrenz

> ➢ Viel Eigenleistung versus viel Fremdleistung

> ➢ Menge der Angebote (Produkte) von Pflege bis Hausmeisterservice

> ➢ Arten der Leistungen (differenziert oder standardisiert), Kassenleistung und / oder private Wahlleistungen

> ➢ Größe der Einrichtungen zwischen Kleinheim oder Ein-Mann/Frau-Pflegedienst oder 150 Pflegeplätzen

6.3.1.3 Strategische Wahl

Auf die Phase der strategischen Optionen folgt die *strategische Wahl*, bei der eine Strategie aus dem Möglichkeitsspektrum ausgewählt wird. Neben Umwelt- und Unternehmensanalyse muss die Auswahl der Alternativen unter Berücksichtigung der Ziele und Visionen des Betriebes erfolgen.

6.3.1.4 Strategische Programme

Aufgabe *strategischer Programme* ist es, die Strategien zu konkretisieren, und Maßnahmen festzulegen, die zur Zielerreichung notwendig sind. Es wird somit eine Reihenfolge in die Wahlentscheidungen gebracht und zur Umsetzung übergeleitet.

6.3.1.5 Realisation

Die *Planungsumsetzung* erstreckt sich oft über mehrere Jahre – Sie erinnern sich, die strategische Planung hat einen Zeithorizont von etwa 10-20 Jahren – und bedarf daher permanenter Kontrolle.

6.3.1.6 Strategische Kontrolle

Die *strategische Kontrolle* ist wegen des Prozess- und Kreislaufdenkens von hoher Bedeutung. Sie wird *nicht* nur während der Realisationsphase eingesetzt, sondern sie begleitet den gesamten Prozess, von Anfang bis Ende. Die Kontrolle fügt an *allen* Stellen des Prozesses Rückkopplungsschleifen ein. Sie hinterfragt ähnlich wie der *Evaluationsansatz* nicht nur die konkreten Ergebnisse, sondern auch die Methoden, was in Bezug auf Analyseinstrumente und Selbstbeurteilung in den ersten beiden Schritten von hoher Relevanz ist.

6.3.1.7 Abschlussbemerkung

Der strategische Prozess ist wiederum als Modell zu verstehen. In Wirklichkeit laufen die Überlegungen und Handlungen vernetzt und oftmals parallel ab. Manchmal ist auch von entsprechender Intuition erfolgreicher Unternehmerpersönlichkeiten die Rede, jedoch ist ein Modell sehr nützlich, um über die Richtung, die die Firma nehmen soll, fundiert diskutieren zu können.

Sie sehen also, dass durch Planung und die Wahl der richtigen Strategie die Stakeholderinteressen berücksichtigt werden können, Bedürfnisse der Menschen befriedigt werden und der Betrieb damit über längere Zeit erfolgreich sein kann. Durch die gegebene Zielorientierung ist ein effizientes Ausführen der Aufgaben möglich ist.

Aufgaben   ·??·

Aufgabe 1:

Suchen Sie sich Leitbilder sozialer Einrichtungen und untersuchen Sie diese auf strategische Klarheit.

Aufgabe 2:

Das Strategische Management lässt sich nicht nur auf Entscheidungen in Betrieben anwenden. Führen Sie den Prozess exemplarisch an der Wahl des Studienortes durch.

Aufgabe 3:

Im Antonia-Berenike e.V., der in Glücksstadt mit ca. 40 Mitarbeiterinnen verschiedene Angebote der Sozialarbeit für Frauen betreibt, steht die strategische Entscheidung an, ob das Angebot (das Geschäftsfeld) einer Beratungsstelle für Aidskranke trotz rückläufiger Zuschüsse aufrechterhalten bleiben soll.

a) Bilden Sie zu jedem Element des strategischen Managements eine beispielhafte Fragestellung bezüglich des oben genannten Anwendungsbeispiels.

b) Managementhandeln ist stets als Kreislauf zu begreifen. Wo entdecken Sie im strategischen Prozess des Antonia-Berenike e.V. Notwendigkeiten und Möglichkeiten für Kreisläufe im Entscheidungs- und Handlungsablauf? Beschreiben Sie kurz zwei sinnvolle Rückkopplungen oder Reflexionen!

Fallstudie

Aufgabe 1:

Führen Sie eine SWOT-Analyse des Vereins durch.

Aufgabe 2:

Beschreiben Sie mögliche strategische Optionen bei eintretenden Veränderungen.

Aufgabe 3:

Beschreiben Sie, welches Programm der Verein derzeit verfolgt.

Aufgabe 4:

Beschreiben Sie woran sich die Planung des Vereins derzeit orientiert. Geben Sie Beispiele.

7 Was prägt Betriebe?

7.1 Konstitutive Entscheidungen

Aus dem Kapitel 3.5 Modell einer Aufgabenhierarchie (S. 26) wissen Sie bereits, dass sich Aufgaben und Entscheidungen in einem Betrieb hierarchisch gliedern lassen. Wir sind dabei in diesem Buch nicht einer Ideallinie von der Gründung bis zur Schließung eines Betriebs gefolgt, sondern haben dort begonnen, wo die Alltagserfahrung den besten Zugang ermöglicht. Wir kommen nun zu den grundlegenden und umfassenden Entscheidungen, für deren Komplexität Sie nun ausreichend Verständnis angesammelt haben können. In der sozial-wirtschaftlichen Praxis ist es auch durchaus ein typischer Fall, dass diese grundlegenden Entscheidungen gerade jetzt neu getroffen werden müssen. Altbewährte soziale Einrichtungen kommen in die Lage, wegen großem Wachstum oder Einführung marktnäherer Anforderungen ihre Rechtsform und Standorte zu überprüfen. Infolge dieses Strukturwandels ist auch an die Gründung von Filialen, an Fusionen und Betriebsabspaltungen zu denken, für die die im Folgenden zu behandelnden konstitutiven Entscheidungen zum Tragen kommen.

Konstitutive Entscheidungen sind solche, die für den Betrieb von prägender, grundlegender und langfristiger Wirkung sind. Sie sind nur einmal oder sehr selten zu treffen. Dazu zählt man:

- die Standortwahl
- die Rechtsformwahl

- die Ausgestaltung dieser Rechtsform
  (durch Satzung oder Vertrag)

In den folgenden Abschnitten sollen die Wahl des Standorts und die Wahl der Rechtsform näher beleuchtet werden.

7.1.1 Wahl des Standorts

Unter dem *Standort* versteht man den Ort, an dem die Produktionsfaktoren zur Leistungserstellung eingesetzt werden sollen.

Aus dem einleitenden Kapitel (vgl.: 0; S. 21) kennen Sie bereits das wissenschaftliche Vorgehen[30], dieses lässt sich auch auf die Wahl des Standortes übertragen und anwenden.

Zu Beginn des Prozesses sind alle **Argumente zu sammeln**, unabhängig von ihrer erwarteten Wichtigkeit für die spätere Entscheidung: Ziel der Erhebung der Daten ist, es ein möglichst umfassendes Bild der Umwelt zu gewinnen.

So sind potentielle Einflussfaktoren auf die Standortentscheidung zu berücksichtigen; diese werden als *Standortfaktoren* bezeichnet. Diese Faktoren werden von verschiedenen Autoren unterschiedlich gewählt, ein kleiner Ausschnitt soll Ihnen einen Überblick über mögliche Standortfaktoren geben.

---

[30] Sie erinnern sich bestimmt noch an die Kurzfassung: Sammeln, Ordnen, Thesen/Fragen, Untersuchung, Evaluation

Standortfaktoren
nach Hüttner
Grund und Boden
Arbeitskräfte-Reservoir
Staatsleistungen (Förderung = positive SL, Steuern = negative SL)
Verkehrsverbindungen
Nachrichtenverbindungen
Bankverbindungen
klimatische und Umweltbedingungen
sozialpolitische Bedingungen
Nähe der Absatzmärkte
Ferne der Konkurrenz
nach Wöhe
Rohstofforientierung (Kosten für Anlieferung, Entfernung zum Rohstoff)
Arbeitsorientierung (Lohnniveau, Arbeitskräfteangebot, Spezialarbeitskräfteangebot, Freizeitwert für Führungskräfte)
Abgabenorientierung (Grundsteuer, Gewerbesteuer)
Energieorientierung (Wasserkraft, Elektrizität)
Verkehrsorientierung (Häfen, Bahnhöfe, Autobahnen)
Umweltorientierung (Auflagen, Verbote, Einschränkungen, Oeffentl. Meinung)
Absatzorientierung (Konkurrenzmeidende, Konkurrenzsuchende, Nähe zum Kunden, Unterschiedlichkeit bei Produkten und Vertrieb)
nach Domschke
Grund & Boden (Verfügbarkeit geeigneter Grundstücke zu günstigen Preisen)
Arbeitskräfte (Anzahl und Qualifikation)
Beschaffung und Entsorgung (Werkstoffe, Energie, Wasser)
Absatz (Bevölkerungspotential, Kaufkraft, Konkurrenz)
Verkehrsanbindung (niedrige Transportkosten für Beschaffung & Distribution)
Öffentliche Hand (Steuervergünstigungen, Subventionen)

Tabelle 6: Übersicht über mögliche Standortfaktoren

Für den jeweiligen Betrieb geeignete Standortfaktoren sind somit auszuwählen. Diese können von Arbeitsbereich (beispielsweise Behindertenhilfe, Jugendhilfe oder Altenhilfe) sowie von den Zielen und Visionen des Betriebes aber auch von der gewählten Strategie abhängig sein.

Gleichzeitig müssen auch mögliche Standorte ausgewählt werden.

Als nächster Schritt werden die Faktoren gegebenenfalls zusammengefasst oder gruppiert, um sie somit in überschaubare Argumentgruppen zu **ordnen**.

Prüfen Sie nun, ob ausreichend Argumente gesammelt wurden, aussichtsreiche Kandidaten zur Verfügung stehen und stellen Sie **Thesen** auf, welche Standorte die meisten Vorzüge aufweisen.

Während der **Untersuchung** sind nun alle ausgewählten Argumente zu bewerten, zu gewichten und gegeneinander abzuwägen.

Bei der Bewertung untersuchen Sie alle Standorte bezüglich der ausgewählten Argumente und vergeben nach dem immer gleichen Prinzip Noten oder Punktwerte.

Gewichten Sie nun die Argumente nach ihrer Wichtigkeit – es gibt Argumente mit mehr oder weniger wichtigen Einflüssen – und vergeben sie analog dazu Gewichtungsfaktoren, zum Beispiel als Prozentwerte.

Ebenso ist es möglich, Ausschlusskriterien festzulegen, um unerlässliche Faktoren herauszuheben.

Mit Hilfe einer *Nutzwertanalyse* (vgl. Kapitel: Wie entscheiden Betriebe) können nun die möglichen Alternativen in eine Reihenfolge gebracht und somit gegeneinander abgewogen werden.

Im letzen Schritt, der **Evaluation**, besteht nun die Möglichkeit, den Prozess noch einmal zu hinterfragen, den Weg zu prüfen und unbeabsichtigte Fehler aufzuspüren.

Dies sollte sehr gewissenhaft getan werden, da die Wahl des Standortes eine konstitutive Entscheidung ist und somit langfristig das Betriebsgeschehen mitbestimmen wird und auch über den Erfolg des Unternehmens entscheidet.

7.1.2 Wahl der Rechtsform

Eine weitere konstitutive Entscheidung ist die Wahl der Rechtsform, diese wird sehr selten - bei der Gründung des Betriebs, bei der Umwandlung, bei Ausgründung von Tochtergesellschaften - getroffen und hat daher eine sehr hohe Tragweite.

Die Wahl einer Rechtsform soll die getroffene Organisationsform absichern, um somit die Ziele der klaren Zuständigkeit der Organe, Klärung von Hierarchie und die Aufgabenverteilung zwischen den Gremien zu erreichen.

Der Gesetzgeber stellt eine Reihe von Rechtsformen zur Verfügung, die ein Betrieb annehmen kann, und deren Wahl unterschiedliche handels- und steuerrechtliche Konsequenzen haben, aber auch die Organisation, Kompetenzverteilung oder Handlungsfähigkeit des Betriebes betreffen.

Im Folgenden soll hauptsächlich auf organisatorische Folgen möglicher Rechtsformen eingegangen werden[31].

Rechtsformen lassen sich im Groben in zwei Bereiche untergliedern: *privatrechtliche* und *öffentlich-rechtliche* Rechtsformen. Die öffentlich-rechtlichen Rechtsformen unterteilen sich in Stiftungen, Anstalten und Körperschaften. Privatrechtliche Rechtsformen sind Vereine, Stiftung und Gesellschaften; diese wiederum spalten sich in Personen- und Kapitalgesellschaften auf. Diese letzte Unterteilung bezieht sich auf die unterschiedlichen Regelungen zur Haftung: Bei den Personengesellschaften haften die an der Gesellschaft beteiligten Personen persönlich und mit dem gesamten Vermögen, einschließlich des Privatvermögens. Bei Kapitalgesellschaften wird nur mit dem in die Gesellschaft eingebrachten Kapital gehaftet; ebenso bei Stiftungen und Vereinen.

Kapitalgesellschaften sind beispielsweise die Gesellschaft mit beschränkter Haftung (GmbH), die Aktiengesellschaft (AG). Personengesellschaften können Einzelunternehmer, Gesellschaften bürgerlichen Rechts (GbR), die offene Handelsgesellschaft (OHG) oder die Kommanditgesellschaft (KG) sein.

In der Sozialwirtschaft sind die Rechtsformen der GmbH oder des Vereins am häufigsten anzufinden.

---

[31] zu handels- und steuerrechtlicher Behandlung der einzelnen Rechtsformen erfahren Sie mehr in den Veranstaltungen zu *Steuern und Gemeinnützigkeit* als auch dem *Wirtschaftsprivatrecht.*

Diese sollen im Folgenden näher beleuchtet werden.

7.1.2.1 Verein und GmbH

Zur Gründung einer **GmbH** bedarf es nur einer Person, die GmbH ist als Gesellschaft eine juristische Person. Die Gesellschafter haften für Verbindlichkeiten nur bis zur Erbringung der Stammeinlage, ansonsten haftet das Gesellschaftsvermögen. Zum Schutz der Gläubiger beträgt das gesamte Stammkapitel der GmbH mindestens 25.000 EUR. Eine Satzung ist erforderlich.

Die Organe der GmbH sind mindestens der *Geschäftsführer* und die *Gesellschafterversammlung*. Das oberste Entscheidungsgremium ist die Gesellschafterversammlung, diese vertritt die Gesellschaft nach außen.

Zur Gründung eines **Vereins** bedarf es mindestens sieben Mitgliedern, ebenso muss eine Satzung vorgelegt werden. Ein Anfangskapital oder eine Einlage ist nicht erforderlich, der Verein finanziert sich u.a. über die Beiträge der Mitglieder. Das oberste Entscheidungsgremium ist die Mitgliederversammlung. Der gewählte Vorstand vertritt den Verein nach außen.

Die in der Sozialwirtschaft häufig diskutierte Frage der geeigneten Rechtsform hängt also von der Menge, der Kapitalkraft und dem Wunsch der Einflussnahme der Gründer und Eigentümer ab. In Fragen der Haftung und Besteuerung unterscheiden sich die Rechtsformen in Bezug auf ihre Eignung für soziale Dienstleistungen nicht.

In beiden Rechtsformen haften Geschäftsführung und Vorstand nur in bestimmten Fällen, beide können als gemeinnützig anerkannt werden und unterliegen dann den gleichen steuerlichen Vorschriften. Beide können wirtschaftlich handeln. Beide können Gewinne machen. Bei beiden ist die Haftung prinzipiell auf das Vermögen der GmbH bzw. des Vereins beschränkt.

Einen Unterschied stellt u. U. das Image der Rechtsform dar. Das Image wirkt nach außen und kann daher für eine Entscheidung wichtig sein. Nach innen und tatsächlich aber wirkt die Satzung, die in beiden Rechtsformen sehr frei gestaltet werden kann.

Ziel muss es sein, eine Satzung und mit ihr die grundlegenden Organisationsprinzipien festzulegen, die geeignet sind, die Existenz der Institution und die langfristig zielführende und zuverlässige Aufgabenerfüllung sicherzustellen.

Daher müssen die teilweise gegensätzlichen Interessen in Ausgleich gebracht werden:

- Einflussnahme der Eigentümer
- Handlungsfähigkeit der Geschäftsführung im operativen Geschäft
- Kontrolle und Lenkung der Geschäftsführung im strategischen, langfristigen, schwerwiegenden, weitreichenden Geschäft
- Wahrnehmen der strategischen Aufgaben
- Wahrnehmen des operativen Geschäfts
- Kontrollmöglichkeiten
- Transparenz
- Effiziente Strukturen

Sie sehen also die konstitutive Entscheidung der Wahl der Rechtsform betrifft weniger die Rechtsform an sich, als mehr die Ausgestaltung der Satzung. Diese muss den Zielen, Zwecken und Strukturbedingungen angemessen sein und die Kompetenzen zwischen den Organen sinnvoll verteilen.

7.1.3 Principal-Agent-Ansatz

Zur Gestaltung von Unternehmen und ihren Rechtsformen gibt es eine interessante Theorie, auf die hier kurz hingewiesen werden soll. Ihre Entwicklung stand im Kontext mit der Erklärungssuche für Fehlentwicklungen bei der Steuerung von Unternehmen, bei denen nicht ein Eigentümer an der Spitze stand. Der Prinzipal ist der Eigentümer der Firma. Oft aber ist er Eigentümer in einer sehr unpersönlichen, entfernten Form, etwa in der Form des Aktionärs. Der Agent ist das Management. Es handelt im Auftrag. Wenn der Auftrag aber nicht klar ist und wenn die Anreize für das Management den Auftrag nicht kongruent unterstützen, wird der Agent das Unternehmen nutzen, um seine eigenen Interessen (Geld, Erfolg, Ansehen...) zu verfolgen. Es entsteht somit ein Spannungsverhältnis zwischen Principal und Agent. Ziel des Ansatzes ist es, die Interessen durch optimale Gestaltung von Verträgen in eine Machtbalance zu bringen.

Aufgaben   **·??·**

Aufgabe 1:

Vergleichen und untersuchen Sie die drei nachfolgenden Auszüge aus Satzungen der St. Hubertus Behindertenhilfe GmbH, Oberammergau (S. 113); des Christlichen Bewirtschaftungsvereins, Behindertenhilfe München e.V. (S. 115); der Behindertenhilfswerk St. Elisabeth GmbH, Neu-Ulm[32] (S. 119) systematisch hinsichtlich folgender Merkmale:

a. *Kompetenzverteilung*: Ziel ist eine sinnvolle Verteilung auf die Organe

b. *Handlungsfähigkeit* im operativen Geschäft: Ziel ist ein möglichst freies Handeln, aber unter Abwägung der Punkte c. und e.

c. *Kontrolle* des operativen Geschäfts: Ziel ist eine geregelte, dichte nicht aber übertriebene Kontrolle

d. Zielvorgaben und Wahrnehmung *strategischer Aufgaben*: Sind diese geregelt und zugeordnet?

e. Sicherung der *Eigentümerinteressen*: Ziel ist eine Wahrung der Interessen unter Abwägung mit b

f. *Transparenz* und *Vertrauensbildung* gegenüber der Öffentlichkeit und ihren Vertretern

---

[32] Name und Ort der Gesellschaften wurden jeweils verändert, die Inhalte sind „echt"!

Zur besseren Vergleichbarkeit sind alle Paragraphen der Satzungen vereinheitlicht:

§2 betrifft jeweils den Gegenstand und die Tätigkeit der Gesellschaft

§6 jeweils die Regelungen zur Geschäftsführung

§8 die Gesellschafterversammlung oder den Vorstand und

§10 den Aufsichtsrat

I. St. Hubertus Behindertenhilfe GmbH

§2 Gegenstand der Gesellschaft

Gegenstand der Gesellschaft ist es, sich im Sinne eines humanistischen Menschenbildes caritativen und sozialen Aufgaben zuzuwenden. Hauptwirkungsfeld hat dabei die Förderung, Betreuung und Pflege von Personen zu sein, die wegen ihres körperlichen, geistigen oder seelischen Zustandes, insbesondere aufgrund ihrer Gebrechen, Behinderung oder chronischen Erkrankung der Hilfe aus ethischer Verantwortung bedürfen.

Die Erfüllung ihrer Aufgaben nach Abs.1 sieht die Gesellschaft insbesondere in dem Betrieb eines Behindertenwohnheimes und in der Kooperation mit benachbarten Verbänden und Einrichtungen in caritativen und sozialen Angelegenheiten.

§6 Geschäftsführung und Vertretung

Der oder die Geschäftsführer bedürfen im Innenverhältnis der Zustimmung des Aufsichtsrates zu allen Rechtsgeschäften und Handlungen, die über den gewöhnlichen Betrieb eines Unternehmens hinausgehen:

➤ der Erwerb und die Belastung von Grundstücken

➤ die Errichtung von Zweigniederlassungen

➤ der Beitritt zu Vereinen und Verbänden

➤ die Anschaffung von Gegenständen, die im Einzelfall mehr als 400,00 EUR kosten

➤ der Abschluss von Miet- und Pachtverträgen

➤ der Abschluss von Dienstverträgen

➤ die Gewährung von Zulagen

➤ die Ausstellung von Spendenquittungen

§8 Gesellschafterversammlung/Gesellschafterbeschlüsse

Die Gesellschafterversammlung tagt mindestens einmal im Jahr. Die Zuständigkeit der Gesellschafterversammlung umfasst alle Angelegenheiten der Gesellschaft, deren Besorgung nicht einem anderen Organ der Gesellschaft zugewiesen ist. Insbesondere vorbehalten ist der Gesellschafterversammlung die Änderung der Firma, des Sitzes oder der Aufgaben der Gesellschaft, eine Veränderung des Stammkapitals und der Erwerb oder die Veräußerung anderer Unternehmen. Zur Wirksamkeit von Gesellschafterbeschlüssen ist jeweils ein zustimmender Beschluss des erweiterten Vorstandes des Fördervereines Hubertusfreunde Unterammergau e.V. erforderlich. Für dessen Beschlussfassung gelten die Regeln der Satzung dieses Vereins.

§10 Aufsichtsrat

Der Aufsichtsrat hat fünf Mitglieder. Sie werden vom Pfarrer von Oberammergau benannt.

Ihnen obliegt die Beratung, Begleitung und Kontrolle sowie die Erteilung der erforderlichen Zustimmungen zu den Tätigkeiten des Geschäftsführers oder der Geschäftsführer,

insbesondere:

➢ die Festlegung der Arbeitsinhalte

➢ die Investitionsplanung

➢ Anschaffungen im Einzelnen

➢ Personaleinstellungen

➢ Kriterien für die Belegung

➢ Veränderungen an Gebäuden und Einrichtungen

II. Christlichen Bewirtschaftungsvereins, Behindertenhilfe München e.V.

§2 Gegenstand der Vereinstätigkeit

Der Verein hat die Verantwortung für die Führung des Behindertenwohnheims in München. In christlicher Verantwortung setzt sich der Verein zum Ziel, im Rahmen der Marktbedingungen und unter Nutzung betriebswirtschaftlicher Erkenntnisse die unter den gegebenen Finanzierungsbedingungen bestmögliche Qualität und Leistungsdifferenzierung zu erreichen. Des Weiteren ist die Seelsorge im Sinne einer ganzheitlichen Arbeit mit den Betroffenen, ihren Angehörigen unter Einbeziehung der Mitarbeiter erklärtes Satzungsziel.

Die durch rationale Betriebsführung erzielbaren Überschüsse im Heimbereich werden der seelsorglichen Betreuung zugeführt. Spenden werden wenn möglich ganz diesem Zielfeld zugeführt.

Der Verein berät, pflegt, bildet und betreut Menschen mit Behinderungen. Die Spezifizierung des betreuten Personenkreises kann sich verändern. Der Verein passt den zu versorgenden Personenkreis den gesetzlichen Rahmenbedingungen, den medizinisch-technischen Möglichkeiten und der vorhandenen personellen Ausstattung an. Es sollen jeweils die Personenkreise unterstützt werden, für deren bedarfsgerechte Versorgung der Verein am besten gerüstet ist.

Weiteres Ziel ist es, die Erkenntnisse und Erfahrungen über die Situation, die Integration und die besonderen Bedürfnisse behinderter Mitmenschen in die lokalen kirchlichen Gremien hineinzutragen, insbesondere in die umliegenden Pfarreien, Kontaktgruppen und Arbeitskreise.

Die Erfüllung ihrer Aufgaben nach Abs.1 sieht der Verein besonders

➢ in der effizienten Führung des Behindertenheimes

➢ in der konstanten Fortbildung von Mitarbeitern und Ehrenamtlichen

➢ in der gezielten Information für das gesamte Einzugsgebiet

➢ in einer besonders effizienten und wirtschaftlichen Führung der Einrichtung, um die zusätzlichen Ziele finanzieren zu können

§6 Geschäftsführung und Vertretung

Der Vorstand des Vereins beruft einen hauptamtlichen Geschäftsführer. Er ist nach §30 BGB besonderer Vertreter des Vereins.

Er führt die Geschäfte des Vereins nach wirtschaftlichen Kriterien und mit dem Ziel einer ständigen Verbesserung der Leistungsqualität, soweit dies die Finanzierungsbedingungen zulassen. Er ist auch verantwortlich für die zusätzlichen Ziele des Vereins, insbesondere für deren institutionelle Rahmenbedingungen.

Er bedarf der Zustimmung des Vorstandes zu Geschäften, die deutlich über den üblichen Geschäftsbetrieb hinausgehen, dazu zählen insbesondere:

➢ Erwerb und Belastung von Grundstücken

➢ Baumaßnahmen, die über 30.000 EUR im Jahr hinausgehen

➢ Investitionen, die innerhalb eines Investitionsplanes 50.000 EUR überschreiten

➢ Investitionen, die außerhalb eines Investitionsplanes liegen und 10.000 EUR im Geschäftsjahr übersteigen

➢ Einstellung des Heimleiters

➢ wesentliche Veränderungen im Klientenkreis, in der Betriebsgröße, in der Auslagerung oder Fremdvergabe von ganzen Betriebsteilen

§8 Vorstand

Der Vorstand des Vereins wird von der Mitgliederversammlung gewählt.

Er tagt in der Regel in zweimonatlichem Rhythmus.

Dem Vorstand sind neben der Beratung und Beschlussfassung zu außergewöhnlichen Geschäften folgende Schwerpunktaufgaben übertragen:

➢ Beauftragung langfristiger Prognosen zur Entwicklung von Einflussfaktoren, wie Gesetzen, Demographie, Konkurrenz, Wertewandel etc.

➢ Beratung langfristiger Strategien, insbesondere zum Verhältnis von Bedarf und Qualität sowie zu Finanzierbarkeit und Qualität von Leistungen

➢ langfristige Investitionsplanung

➢ Entwicklung neuer Geschäftsfelder

➢ Kontakte zu Öffentlichkeit und Entscheidungsträgern, um die gemeinwesenorientierten Nebenziele des Vereins zu fördern

§10 Aufsichtsrat

Der Aufsichtsrat wird aus Vorschlägen der Mitgliederversammlung von einem Wahlgremium bestellt, das den Vorstand und eine gleiche Anzahl weiterer Vertreter der Mitglieder umfasst.

Der Aufsichtsrat wird aus folgenden Personen zusammengesetzt:

➢ zwei Vertreter der umliegenden Pfarreien

➢ zwei Vertreter aus Banken oder steuerberatenden Berufen

➢ zwei Vertreter der politischen Gemeinde

➢ zwei Vertreter der Angehörigen

➢ zwei Vertreter der Mitarbeiter

Der Aufsichtsrat erhält die erläuterte Jahresrechnung, einen Geschäftsbericht, Erläuterungen zum Konzept und Veränderungen desselben, eine Übersicht über die geplanten Investitionen, eine

Zusammenstellung aller öffentlichkeitswirksamen Äußerungen der Einrichtung und aller relevanten Presseartikel.

Der Aufsichtsrat dient einerseits der Kontrolle und andererseits der Förderung der Transparenz, der Glaubwürdigkeit und des Integrationsgedankens. Er berät Vorstand und Geschäftsführung. Insbesondere entwickelt der Aufsichtsrat Empfehlungen zu:

➢ der Darstellung der Einrichtung in der Öffentlichkeit

➢ der Verknüpfung langfristiger wirtschaftlicher Existenzsicherung und Arbeitsplatzsicherung mit kirchlichen und sozial-caritativen Zielsetzungen

➢ der Zusammenarbeit mit Kommunen, Pfarreien und ehrenamtlichen Organisationen

➢ der Abwägung von Mitarbeiterinteressen, Bedürfnissen der Bewohner und Anliegen der Angehörigen und Nachbarn.

III. Behindertenhilfswerk St. Elisabeth GmbH, Neu-Ulm

§2 Gegenstand der Gesellschaft

Gegenstand der Gesellschaft ist es, das segensreiche Wirken des Elisabethenvereins fortzuführen und caritative und soziale Aufgaben wahrzunehmen. Im Mittelpunkt steht dabei die Förderung, Betreuung und Pflege von Personen, die wegen ihres körperlichen, geistigen oder seelischen Zustandes, insbesondere aufgrund ihrer Gebrechen, Behinderung oder chronischen Erkrankung der Hilfe aus christlicher Verantwortung bedürfen.

Die Erfüllung ihrer Aufgaben nach Abs. 1 sieht die Gesellschaft insbesondere

➤ in der Gewinnung, Förderung und Anleitung von ehrenamtlichen Kräften

➤ in der Betreuung der Mitglieder des Elisabethenvereins

➤ in der Zusammenarbeit mit der Pfarrei St. Elisabeth zur Förderung sozial-caritativer Anliegen

➤ im Betrieb eines Behindertenwohnheimes

§6 Geschäftsführung und Vertretung

Geschäftsführer ist immer der 1. Vorsitzende des Elisabethenvereins. Der Geschäftsführer ist einzelvertretungsberechtigt und von der Beschränkung nach §181 BGB, mit sich selbst Geschäfte abzuschließen, befreit.

Der Geschäftsführer bedarf im Innenverhältnis der Zustimmung der Gesellschafterversammlung nur zu Rechtsgeschäften, die über den gewöhnlichen Betrieb weit hinausgehen.

Hierzu zählen insbesondere:

➤ der Erwerb von Grundstücken

➤ die Aufgabe des Behindertenheimes

➤ Kreditaufnahmen und Kreditgewährungen von mehr als 500.000 EUR im Einzelfall

➤ die Errichtung von Gebäuden und die Durchführung sonstiger Baumaßnahmen, sofern sie 1.000.000 EUR überschreiten

➤ die Annahme von Erbschaften

Vor der Einstellung eines Heimleiters hat er den Pfarrer von St. Elisabeth zu informieren und zu hören.

§8 Gesellschafterversammlung/Gesellschafterbeschlüsse

Die Gesellschafterversammlung ist einzuberufen, wenn eine Beschlussfassung im Interesse der Gesellschaft erforderlich ist.

Die Versammlung wird durch den Geschäftsführer einberufen.

Den Vorsitz in der Gesellschafterversammlung führt der Geschäftsführer.

§10 Aufsichtsrat

Diese Satzung sieht keinen Aufsichtsrat vor.

Aufgabe 2:

Die Vorstandsvorsitzende eines eingetragenen Vereins macht sich Sorgen, ob sie als Vorstandsmitglied persönlich dafür haftet, wenn sie bezüglich der Vereinstätigkeit im Rahmen des strategischen Prozesses eine Fehlentscheidung trifft. Soll der Verein in eine GmbH umgewandelt werden, um dann die Haftung bezüglich einer solchen Fehlentscheidung zu verringern?

Fallstudie

Aufgabe 1:

Erarbeiten Sie mögliche Kriterien, die für die Wahl des Standortes des Vereins ausschlaggebend sein könnten; überlegen Sie sich auch sinnvolle Gewichtungen.

Gibt es Ausschlusskriterien?

Aufgabe 2:

Untersuchen Sie die Umsetzung der Kriterien Kompetenzverteilung, Handlungsfähigkeit, Kontrolle, Zielvorgaben und Wahrnehmung strategischer Aufgabensicherung, Eigentümerinteressen, Transparenz und Vertrauensbildung am Beispiel der Fallstudie.

8   Wie funktionieren Betriebe?

Erinnern Sie sich noch an die Definition dessen, was ein Betrieb ist?

Zur Wiederholung:

„Ein Betrieb ist ein System aus Menschen, Informationen, Umweltbeziehungen und Sachmitteln."

Wichtig ist nun der Aspekt „System aus Menschen", Sie wissen bereits, dass in einem Betrieb Menschen handeln.

Ebenfalls am Anfang dieses Buchs haben Sie erfahren, dass es so etwas wie *arbeitsteilige Aufgaben* gibt. Die in einem Betrieb handelnden Menschen übernehmen nicht alle Aufgaben im Betrieb, denn der Betrieb ist ein so komplexes System, dass die Gesamtaufgabe nicht mehr von einer Person erreicht werden kann und damit eine Arbeitsteilung, also eine Differenzierung der Aufgaben nötig ist. Es geht somit darum, die Aufgaben, die in einem Betrieb anfallen, möglichst günstig aufzuteilen und zuzuweisen.

Ein Modell das diese Differenzierung der Aufgaben und die damit verbundenen Vor- und Nachteile für den Betrieb anschaulich darstellt, ist die *Systemtheorie*. Mit der Frage, wie die einzelnen Aufgaben dann im Folgenden koordiniert werden, befasst sich die *Aufbauorganisation*. Zu beiden Themen werden Sie auf den nächsten Seiten Näheres erfahren und dabei auch erkennen, wie die beiden Themen mit Fragestellungen des Managements zusammenhängen.

8.1 Die Systemtheorie

Die *Systemtheorie* modelliert Organisationen von Menschen als Gebilde ganz bestimmte Eigenschaften.

Systeme unterscheiden sich von der Umwelt durch Abgrenzung und durch Andersartigkeit, gleichzeitig erbringen sie für die Umwelt eine Leistung und stehen mit der Umwelt in Austauschbeziehungen.

Systeme werden leistungsfähig durch ihre besondere Art, die Umwelt innerhalb des Systems in vereinfachter Form abzubilden, denn die Leistungsfähigkeit von Systemen ergibt sich erst durch die Fähigkeit, die Komplexität der Umwelt auf ein bearbeitbares Maß reduzieren.

Systeme versuchen sich selbst zu erhalten. Dazu sind sie bereit, sich weiterzuentwickeln und sich geänderten Umweltanforderungen anzupassen.

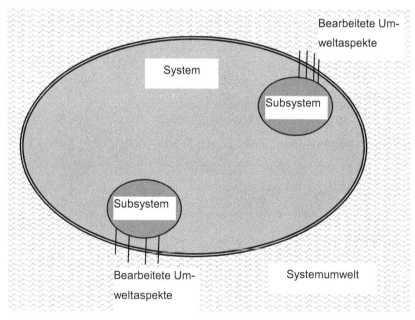

Abbildung 16: Grundbegriffe der Systemtheorie

Zur ersten Annäherung an das Denken der Systemtheorie ist ein Vergleich mit lebenden Organismen und der Rolle der darin befindlichen Organe oder Organellen hilfreich; somit verwundert es auch nicht, dass die schematische Darstellung des Systems der einer Zelle lebender Organismen ähnelt.

Daraus lassen sich für die Betriebswirtschafslehre folgende Schlüsse ziehen:

Besonderer Wert sollte auf einer prozessualen Gestaltung von Unternehmen liegen, nicht auf einer rein statischen.

Subsysteme sind als Mitarbeiter oder Abteilungen innerhalb des Betriebes zu verstehen, die verschiedene Aufgaben verrichten.

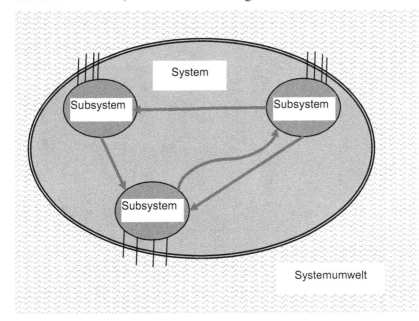

Abbildung 17: **Reduktion der Komplexität durch Vorselektion**

Subsysteme sind als *Spezialisten* zu verstehen, die ausgewählte Um-
weltbereiche verarbeiten. Die Einspeisung der gewonnen Informationen und Ergebnisse in den unternehmensinternen Ablauf ist zu beach-
ten. Die Aufteilung der Komplexität der Umwelt ist nötig, da sonst
eine Überforderung innerhalb des Systems entsteht. (Abbildung 17)
Jedes Subsystem bearbeitet nur einen Teilaspekt der Umwelt. Es werden nur noch die verarbeiteten Beiträge der einzelnen Subsysteme
untereinander weitergegeben, somit ist die Komplexität reduziert. Ein
Subsystem verarbeitet seinen Teil der Umwelt und erhält die anderen
Aspekte der Umwelt bereits selektiert und verarbeitet.

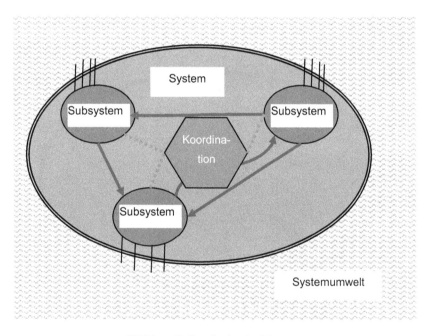

Abbildung 18: Koordination der Subsysteme

Die durch die *Komplexitätsreduktion* entstehenden Risiken müssen beachtet werden und durch Installation von Instrumenten zur Reduktion der Selektionsrisiken ausgeglichen werden. Systemelemente sind immer in Bezug auf die Umweltverarbeitung, die sie zu leisten haben, zu definieren. Das System bietet stets einen Vorsprung gegenüber der unorganisierten Umwelt. Durch die entstandene Arbeitsteilung ist auch eine *Koordination* der Subsysteme erforderlich (Abbildung 18).

Sie erkennen die prozesshafte Dynamik durch Gleichzeitigkeit von Ebenen und Zielen, die Parallelität von zentripetalen[33] und zentrifugalen[34] Kräften. Weiterhin erkennen Sie, dass es ein notwendiges Gegeneinander der einzelnen Subsysteme gibt und dass sich das System durch Selbstgestaltung und Selbsterhaltung an die Umwelt anpassen kann und damit verbunden die beschränkte Plan- und Führbarkeit von Systemen.

8.2 Praktische Elemente aus der Systemtheorie

Wir können für die praktische Anwendung neben dem Aushalten der Parallelität verschiedener Dynamiken zweierlei Gestaltungsverantwortungen ableiten, die später auch Grundlage der Organisationslehre werden. Die beiden Gestaltungsbereiche sind auf der einen Seite eine geeignete Gliederung der Aufgaben, auf der anderen Seite eine geeignete Koordination der Bereiche.

---

[33] nach innen strebend

[34] nach außen strebend

Für die Gliederung wurden verschiedene Prinzipien beobachtet, bzw. vorgeschlagen:

- nach Verrichtung
- nach Objekten
- nach Orten
- nach Phasen
- nach Rang

Zum Beispiel kann man in einem Kindergarten Tätigkeiten (evtl. Gruppen) einteilen nach Verrichtung (Erziehen, Kochen, Turnen, Lernen, Hygiene) oder nach Objekten (die Kinder einteilen nach Geschlecht, Alter, Intelligenz, Herkunft etc.)

Für die Koordinierung soll Ihnen ein ausführlicheres Beispiel aus der Praxis auf der folgenden Seite das Verständnis erleichtern.
Gewählt wurde diesmal die ausschnittsweise Darstellung der Organisation eines Alten- und Pflegeheim.

Das System ist von Umwelteinflüssen umgeben und auf Dienstleistungen für die Umwelt ausgerichtet. Verschiedene Abteilungen (Subsysteme) wurden durch Gliederungsprozesse gebildet (Pflege, Haustechnik, Verwaltung), die auf bestimmte Umweltaspekte spezialisiert sind. Diese Subsysteme müssen nun aufeinander abgestimmt werden, aufeinander Bezug nehmen, eben koordiniert werden. Neben den elektronischen und schriftlichen Koordinierungsinstrumenten dienen Gremien und Zusammenkünfte der Koordination. Beispiele für solche wurden entwickelt und in das Modell eingezeichnet.

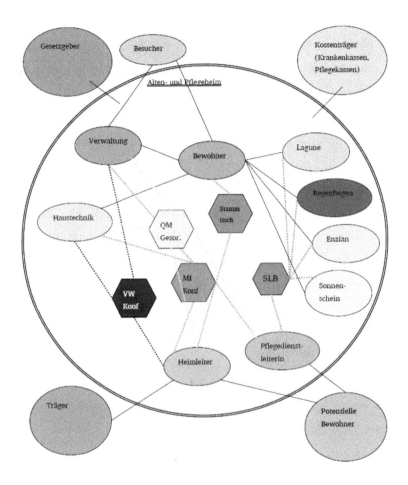

Abbildung 19: Systemisches Modell eines Alten- und Pflegeheims

Koordinierungsbeispiele:

➢ Die Koordination zwischen den Abteilungen erfolgt beispielsweise über die 14-tägigen *Stationsleiterbesprechungen* (SLB), die tägliche *Verwaltungskonferenz* (VW Konf) oder die *Mittwochskonferenz* (MI Konf).

➢ In regelmäßigen Abständen findet das sogenannte *qualifizierte Mitarbeitergespräch* (QM Gesp.) zwischen einzelnen Mitarbeiterinnen und dem Heimleiter statt.

➢ Sitzungen des *Stammtischs*, bei dem alle zwei Wochen die Bewohner mit dem Heimleiter zusammen kommen und die alle acht Wochen stattfindenden Tagungen des *Heimbeirats* sind Möglichkeiten der Kommunikation und Koordination zwischen den Abteilungen und den Bewohnern.

8.3 Organisation

Nun wollen wir von der Theorie der Systeme zur *Organisationslehre* als einem wesentlichen Teil der Betriebswirtschaftslehre kommen. Dazu muss zunächst eine Begriffsklärung erfolgen.

Der Begriff „*Organisation*" kann auf zwei verschiedene Weisen verstanden werden:

Organisation bezeichnet zum einen eine abgeschlossene Einheit von Menschen zum Zwecke einer Zielerreichung (Thema ist hier die *Aufbauorganisation*, darunter verstehen wir die Über- und Unterstellung, Aufgabenverteilung, Unternehmensgliederung). Mit Organisation bezeichnet man zum anderen das Handeln in solchen Einheiten. Behandelt werden hier die Abläufe. Damit beschreiben wir Kommunikationswege, Verfahrensregeln, Art der Weisungen und Dokumentation, die Beziehungen und Koordinationswege innerhalb der Einheit.

In diesem Abschnitt soll es um die Aufbauorganisation gehen.

Gerade haben Sie gesehen, dass in Systemen und bei arbeitsteiligen Aufgaben sowohl Aufgabengliederung als auch Koordination nötig ist: denn das Gesamtsystem ist darauf angewiesen, dass ihm die von den Subsystemen abgearbeiteten Teilbereiche zur Verfügung gestellt werden. Die Skizzen zeigten dazu auf, dass die einzelnen Subsysteme miteinander vernetzt sind. Wie diese Vernetzung aber erfolgt, soll im Folgenden dargelegt werden.

8.3.1 Gliederung und Koordination

Modelltheoretisch sei wieder angemerkt, dass bereits die Trennung von Aufgabengliederung und -koordination ein Modell und eine idealtypische Aufteilung ist. In der Praxis gehen die beiden Aspekte ineinander über und auseinander hervor. Die Trennung hilft uns aber, die Aspekte zu beleuchten, in der Praxis zu kommunizieren und gut zu regeln.

Der Zusammenhang wird deutlich, wenn man die Abteilung oder Bereichsbildung betrachtet: Sie ist sowohl Gliederung der Gesamtaufgabe als auch Zusammenfassung von Einzelaufgaben. Von beiden Seiten suchen wir eine nützliche Ordnung.

Dabei lassen sich zwei Hauptrichtungen unterscheiden. Die *funktionale Gliederung* (hier werden sachgleiche Aufgaben zusammengefasst) und eine *Gliederung nach Sparten oder Regionen* (hier werden verschiedene Produktgruppen oder Orte der Leistungserbringung zusammengefasst).

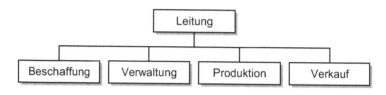

Abbildung 20: Schema zur funktionalen Gliederung

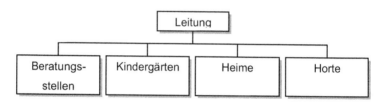

Abbildung 21: Schema zur Gliederung nach Sparten

8.3.2 Möglichkeiten der Koordination

Zur Koordination stehen verschiedene Alternativen zur Verfügung, die jeweils Vor- und Nachteile mit sich bringen und für spezifische Aufgabenstellungen angewendet werden können.

Der klassische Weg, Organisation zu verwirklichen, liegt in der Hierarchie.

Dies mag erstaunen, da eine Pyramide wie das Gegenteil eines – vom systemischen Modell nahe gelegten – Netzes aussieht. Aber durch die eindeutige Zuordnung zu Abteilungen und Hauptabteilungen (oder wie auch immer die Ebenen benannt werden), hat jedes Subsystem einen eindeutigen Ansprechpartner. Die Koordination erfolgt über persönliche Anweisung durch Vorgesetzte. Auf der höheren Ebene werden dann die Abstimmungen zwischen den Gruppen getroffen.

Ein Beispiel: Die Gruppe Marketing sagt, wir brauchen ein buntes Logo und die Gruppe Einkauf sagt, schwarz-weiß sei viel billiger. Zum Informationsaustausch muss die *Entscheidungsfähigkeit* kommen. Hier liegt der Vorteil einer hierarchischen Struktur, dass immer jemand da ist, der kompetente Entscheidungen trifft. Je mehr Gebiete betroffen sind, desto weiter oben muss die Koordination erfolgen. Dies läuft immer auf- und abwärts der Befehlskette (Linie), bis ein gemeinsamer Zuständiger gefunden ist, der das Problem autorisiert lösen kann.

Vielleicht haben Sie schon vom „Dienstweg" gehört, der strikt einzuhalten ist. Hier ist er!

8.3.2.1 Hierarchie im Einliniensystem

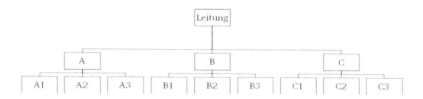

Abbildung 22: Schematische Darstellung zum Einliniensystem

Im *Einliniensystem* hat jeder Mitarbeiter nur einen Vorgesetzten, an den er sich wenden kann und von dem er Anweisungen erhält.

Wenn C1 und C3 etwas klären wollen, müssen sie sich an die vermittelnde Instanz C wenden.

A3 und B1 gehören zu verschiedenen Abteilungen. Über ihre Angelegenheit müssen sich A und B unter Vermittlung der Leitung einigen.

Man sieht auch den Vorteil, dass Vorgesetzte über alles informiert werden, wenn es im Betrieb besondere Vorfälle oder Veränderungen gibt. Der Verantwortungsbereich ist eindeutig. Es kann kein unkontrolliertes Handeln entstehen. Die Befehlskompetenz und die Verantwortungsbereiche sind kongruent.

Das Einliniensystem bietet somit die Vorteile der Eindeutigkeit, Sicherheit und Klarheit, es gibt keine Diskussion um Zuständigkeit.

Hohe Informationsdichte und Kontrolle prägen das System.

Damit gehen auch einige Nachteile einher: so ist das System umständlich, langsam, vernetztes Arbeiten und vielseitige Problemsicht kommen zu kurz, auch werden Details bis auf hohe Ebenen getragen.

8.3.2.2 Die Selbstabstimmung

Das Gegenmodell zur klaren Hierarchie im Einliniensystem ist die Selbstabstimmung der Gruppe. Alle Mitglieder eines Teams, alle an einem Produktionsprozess beteiligte oder gar alle Mitarbeiter einer Organisation setzen sich zusammen und diskutieren eine optimale Lösung. Diese Methode hat den Vorteil einer direkten Entscheidung durch die fachlich Kundigen und Betroffenen, einer Berücksichtigung aller Aspekte, eine hohe Motivation durch Mitsprache usw. Die Nachteile liegen, insbesondere bei größeren Firmen, auf der Hand. Der Zeitbedarf und die eventuelle Entscheidungsunfähigkeit beenden bald die Existenz des Unternehmens.

8.3.2.3 Varianten des Einliniensystems

Auf Grund der genannten Nachteile beider Grundmodelle wird seit jeher über Modifikationen nachgedacht. Dabei geht man vom hierarchischen Modell aus und bereichert es um Elemente der direkten Selbstabstimmung zwischen betroffenen Subsystemen.

Als erstes sind **Stabsstellen** zu nennen.

Abbildung 23: Schematische Darstellung zum Stab-Liniensystem

Diese sind aus der Hierarchie herausgenommen und direkt der Leitung zugeordnet. Sie haben keine produktiven Aufgaben, sondern unterstützende, koordinierende, vermittelnde. Es handelt sich um generelle oder um Querschnitt-Aufgaben. Beispielsweise Controlling, Öffentlichkeitsarbeit, Politik, Grundsatzfragen. Die Stabstellen nehmen einige, alle Abteilungen betreffende, Aufgaben wahr. Sie haben überall aktive wie passive Informationsrechte aber *keine* Weisungsrechte. Sie bringen die Personen und Informationen aus allen Abteilungen zusammen, die zu ihrem Thema passen. Sie bieten Gelegenheit zu direkter Anpassung und abteilungsübergreifender Kommunikation.

Als zweites ist der **kleine Dienstweg** zu nennen. Hier wird den Abteilungsmitarbeitern (Sachbearbeitern) für bestimmte, meist kleinere vorher definierte Probleme, erlaubt, sich ohne Einschaltung der vermittelnden Chefetage zu verständigen. Dies kann entweder innerhalb der Abteilung oder über Abteilungsgrenzen hinweg erfolgen. Solche Entscheidungen müssen allerdings einvernehmlich sein, sonst wird doch wieder die nächsthöhere Ebene eingeschaltet.

Als drittes kommen **Teams, Arbeitskreise, Projektgruppen** und Qualitätszirkel hinzu. Sie ermöglichen, dass neben den hierarchischen Entscheidungswegen die Selbstabstimmung als Koordinierungsprinzip tritt. In der ständigen Abwägung, ob die Vorteile der hierarchischen Eindeutigkeit oder die Vorteile der Kompetenz der Betroffenen in der Selbstregulierung überwiegen, stellt dies eine Kombination dar. In geeigneten Fällen und Fragestellungen werden Entscheidungen von Teams getroffen oder zumindest vorbereitet. Neben den originären

Mitarbeiterteams gibt es Arbeitskreise, die Mitglieder aus verschiedenen Hierarchieebenen und Abteilungen haben können und meist an bestimmten Sachfragen ausgerichtet sind.

Dieses Modell der **überlappenden Dreiecke nach Likert** ist eine sehr konsequente Kombination von hierarchischer Struktur mit Elementen der Selbstabstimmung. Es bleibt zwar eine hierarchische Struktur erhalten, aber die Vernetzung wird gefördert. In den Überschneidungsbereichen bilden sich Gruppen, die die Schnittstellen bearbeiten. Der Topmitarbeiter einer Gruppe gehört automatisch zum übergeordneten Team. Aus jeder Gruppe sitzt ein Vertreter in den Sitzungen und Besprechungen benachbarter Teams. Dieses Modell kann auch mehrdimensional ausgestaltet werden.

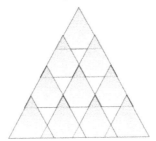

Abbildung 24: überlappende Dreiecke nach Likert

Kennzeichnend für die bisherigen Organisationsformen ist dennoch letztendlich die Regel: *One person - one boss!*

Auch in der Praxis ist dies die häufigste Regel, denn es ist tatsächlich von überragender Bedeutung, dass jeder Mitarbeiter weiß, was zu tun ist: Weisungen müssen eindeutig sein. Dem steht das Bedürfnis gegenüber, die Aufgabenstellungen vielschichtig zu sehen und mehrere

Einflüsse zur Geltung zu bringen. Zum Beispiel sollen die Operateure, Radiologen und Stationsärzte eines Krankenhauses jeweils optimal für ihre Abteilung arbeiten und sich auf ihren Chefarzt ausrichten. Andererseits ist es im Interesse des Krankenhauses, und natürlich auch im Interesse des Patienten, dass der Weg des Patienten durchs Krankenhaus *eine* Entscheidungslinie darstellt. Ein Krankenhaus könnte also auch nach Aufnahmeetagen, Krankheitsbildern oder einweisenden Ärzten gruppiert sein und die Mitarbeiter wären an diese Ausrichtungen gebunden. Andererseits könnten auch die Berufsgruppen zum Beispiel Ärzte, Pflegerinnen oder Laborassistenten zusammengehören.[35]

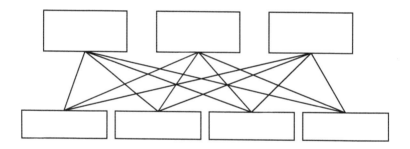

Abbildung 25: Schematische Darstellung eines Mehrliniensystems

Um solche parallelen Ziele verfolgen zu können, gibt es Überlegungen zu doppeltem oder mehrfachem Zugriff auf Stellen und Mitarbeiter. Diese werden im **Mehrliniensystem** umgesetzt. Dies bietet die

---

[35] Sie erinnern sich bestimmt noch an die zwei möglichen Ordnungssysteme: Gliederung nach Funktionen oder nach Sparten und Regionen

Chance für mehr Flexibilität, aber auch den Nachteil von mehr Un-klarheit und Missverständnissen.

Um mit Mehrliniensystemen besser umgehen zu können, gibt es den Ansatz, diese transparent zu machen und besser zu regeln. Dazu wurde das Modell der **Matrix-Organisation** entwickelt. Dennoch bleiben diese Ansätze sehr konfliktanfällig.

Jede Abteilung oder Gruppe hat darin (fast immer) zwei Vorgesetze. Meist gehören sie dennoch zu einer Abteilung und folgen darüber hinaus einer Querschnittfunktion. Gute Beispiele dafür sind Großaufträge, Produktgruppen, oder Regionen, deren Anliegen parallel zur eigentlichen Aufgabe beachtet werden müssen. Übertragen auf das Krankenhaus könnte das bedeuten, dass es zusätzlich zu den ordentlichen Abteilungen Beauftragte für Krankheiten gibt. Sie sorgen dafür, dass die Behandlung der betroffenen Patienten mit den Abteilungen Verwaltung, Radiologie, OP, Labor optimal koordiniert wird.

Damit sorgt die Leitung Radiologie, OP dafür, dass diese Arbeiten gut erledigt werden und auch dass die zur Verfügung stehenden Ressourcen zwischen der besonderen Krankheit und anderen Krankheiten gut aufgeteilt werden. Die Matrix-Abteilungen mit den Spezialisten für die Erkrankungen bringen durch ihre Fachorientierung weitere Spezialisierungskenntnisse und Ablaufverbesserungen ein.

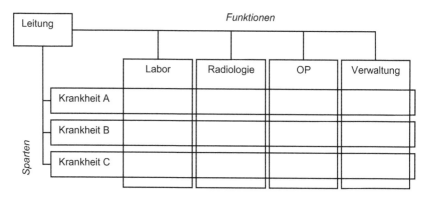

Abbildung 26: Schema einer Matrix-Organisation

Der Operateur hat sowohl die Interessen des Vorgesetzten des OPs zu berücksichtigen, als auch die Anregungen der Matrixabteilungen für die jeweiligen Krankheiten. Nicht leicht, aber machbar.

Oft gibt es eine Vorstufe zur Matrix, die sogenannte **Matrix-Light**. Hier werden nicht gleich große Querstrukturen geschaffen, sondern nur einzelne „*Beauftragte*" benannt. Diese stehen für schwierige oder wichtige Belange. Sie stellen eine Art innerbetriebliche *Case-Manager* dar. Im Krankenhaus kann dies der Wundmanager sein, im Kindergarten eine speziell ausgebildete therapeutische Kraft, die für bestimmte Altersgruppen oder Kinder mit Verhaltensauffälligkeiten oder Migrationshintergrund zuständig ist – also quer zur Spielgruppe/Regelgruppe. Auch Qualitätsmanager oder Controller stellen oft solche Querschnittmanagementfunktionen dar. Ob man sie als solche bezeichnen kann, hängt davon ab, ob sie *Weisungsbefugnis* haben.

Im industriellen Umfeld geht es oft um Großaufträge oder wichtige Kunden, deren Angelegenheiten im Betrieb über Abteilungsgrenzen hinweg straff koordiniert werden müssen. Solche „Case-Manager" heißen im betrieblichen Sprachgebrauch Key-Account-Manager. Sie achten auf die Ausführung von Schlüsselaufträgen über das ganze Unternehmen hinweg.

Aufgaben ·??·

Aufgabe 1:

Beschreiben Sie Möglichkeiten, wie die Koordination von Subsystemen erfolgen kann. Gehen Sie dabei auch auf das zeitliche Verhältnis von Arbeit im Subsystem und der Koordination ein.

Aufgabe 2:

Beschreiben Sie eine mögliche Anwendung der Matrix-Organisation in einem Kindergarten oder einem Altenheim.

Zeichnen Sie die Organisation zur Verdeutlichung Ihrer Überlegungen auf.

Welche Hindernisse erwarten Sie dabei für die Umsetzung in der Praxis?

Aufgabe 3:

Vergleichen Sie die Gliederung nach Funktionen und Sparten/Orten in der Aufbauorganisation eines großen Trägers der Sozialwirtschaft. Gehen Sie dabei auch auf die Ausgestaltung der jeweiligen Abteilungen ein, wie viele Mitarbeiter werden jeweils gebraucht, über welche speziellen Qualifikationen müssen die Mitarbeiter jeweils verfügen? Welche Gliederung schlagen Sie vor?

Fallstudie

Aufgabe 1:

Skizzieren Sie den „Verein freundliches Kempten" in Form eines systemischen Modells.

Aufgabe 2:

Skizzieren Sie die Aufbauorganisation des Vereins in einem Organigramm.

Erkennen Sie Schwachstellen, wie wirken sich diese eventuell auf den Vollzug des Tagesgeschäfts aus?

Welche Veränderungen schlagen Sie vor?

9 Welche Entscheidungswege gibt es in einem Betrieb?

In den vorangegangenen Kapiteln haben Sie erfahren, dass im Managementprozess nach der Analyse der Umwelt und des Unternehmens verschiedene Möglichkeiten zur Verfügung stehen, die unter Berücksichtigung der Ziele und Visionen des Unternehmens umgesetzt werden können. Sie erinnern sich bestimmt: diese wurden als strategische Möglichkeiten bezeichnet.

Auch bei der Planung geht es darum, die Zukunft vorweg zu nehmen. Da die Zukunft ungewiss ist, stehen auch hier verschiedene Möglichkeiten bereit, die gewählt werden können.

Wie unter diesen zahlreichen Möglichkeiten allerdings die eine Möglichkeit ausgewählt wird, die durch darauf ausgerichtetes Handeln im Betrieb umgesetzt werden soll, ist im Laufe des Buches noch nicht erörtert worden. Die Kapitel zur Organisation zeigen Zuständigkeiten von Chefs, Gruppen oder Teams. Aber nach welchen Prinzipien oder Regeln die handelnden Akteure sich dann wirklich entscheiden, soll nun folgen.

Mit der Art und Weise, wie Entscheidungen getroffen werden, befasst sich die Entscheidungstheorie, diese stellt auch Methoden und Verfahren für die Wahl der Entscheidung bereit.

9.1 Entscheidungstheorie

In diesem Abschnitt soll nicht die ganze *Entscheidungstheorie* referiert werden, sondern Ihnen soll an einigen Beispielen aufgezeigt werden, welche Modelle untersucht wurden, um menschliche Entscheidungen nachvollziehbar und verständlich zu machen.

Die Entscheidungstheorie entwickelt auch normativ Vorschläge, wie sich ein Unternehmer angesichts der Unsicherheit des Eintritts bestimmter interner und externer Zustände entscheiden sollte.

Die Modelle zur Entscheidungsfindung sollen Ihnen am Beispiel eines *ambulanten Pflegedienstes* verdeutlicht werden:

Der Fall: Ein ambulanter Pflegedienst versorgt seine Klienten durch die Zusammenstellung von zehn Touren, das Betriebsergebnis ist gerade ausgeglichen.

Durch eine Komprimierung der Aufträge auf neun Touren könnte er sein Ergebnis verbessern. Er zieht aber auch ins Kalkül, dass sich die Umwelt – hier abgebildet durch die Haupteinflussgröße Nachfrage nach seinen Dienstleistungsangeboten – verändern könnte. Er bedenkt daher drei Strategievarianten:

1. Aufträge zu neun Touren zusammenfassen
2. Wie bisher mit zehn Touren weiterarbeiten
3. Ausdehnen des Angebots auf elf Touren

Er erwartet in Kombination aus Kosten, organisatorische Änderung, Fixkostendegression, Mitarbeiterbelastung, Kundenzufriedenheit folgende Ergebnissituation (Gewinn bzw. Verlust) für die zukünftigen Monate, bei unterschiedlichen Strategien und Umweltzuständen:

Strategie	Nachfrage sinkt	Nachfrage bleibt	Nachfrage steigt
Zusammenfassen auf 9 Touren	2.000 €	1.000 €	0 €
10 Touren beibehalten	-1.000 €	0 €	1.000 €
Erweitern auf 11 Touren	-2.000 €	-1.000 €	3.000 €

Tabelle 7: Übersicht über die Strategien

Als Modelle zur Entscheidungsfindung stehen nur verschiedene *Regeln* zur Verfügung:

Nach der **Wald-Regel** wird diejenige Lösung gewählt, die bei Eintreten der ungünstigsten Entwicklung die besten Ergebnisse liefert. Man sucht die Zeilenminima (0; -1.000; -2.000) und entscheidet sich für den höchsten Wert, also Strategie 1.

Nach der **Maximax-Regel** wird die größte Gewinnchance gewählt und das Eintreten der optimistischsten Erwartung angenommen Man sucht die Zeilenmaxima (2.000; 1.000; 3.000) und entscheidet sich für den höchsten Wert, also Strategie 3.

Nach der **Hurwicz Regel** werden die beiden vorigen Regeln gewichtet kombiniert mit Hilfe eines Optimismusparameters. Zum Beispiel setzt der Entscheider mit 40% auf den Fall, dass das schlechteste Ergebnis eintritt, mit 60% auf Optimismus. Man berechnet die Summen aus Zeilenminima mal 40% und Zeilenmaxima mal 60%: (0 + 1.200; -400 + 600; -800; +1.800) und entscheidet sich für den größten Wert (aus 1.200; 200, 1.000), also Strategie 1.

Das **Bayes-Prinzip** kann angewendet werden, wenn sich der Entscheider nicht völlig unsicher ist über den Eintritt der Umweltentwicklungen. Er vergibt dann Erwartungswerte, zum Beispiel

20% für sinkende Nachfrage

30% für stabile Nachfrage

50% für steigende Nachfrage

Man bildet die Zeilensummen gewichteter Eintrittserwartungen[36] (700; 300; 800) und entscheidet sich für die größte, also Strategie 3.

Nach demselben Prinzip funktioniert die **Laplace-Regel**, nur dass sie prinzipiell alle Wahrscheinlichkeiten gleich hoch einschätzt, da es keinen zureichenden Grund für Wahrscheinlichkeiten gäbe.

Man bildet die Zeilensummen (3.000; 0; 0) und entscheidet sich für die größte Zahl, also Strategie 1.

Nach **der Savage-Niehans-Regel** richtet sich der Entscheider nach der Minimierung des Nachteils aus einer Fehleinschätzung der Umweltentwicklung. Man berechnet das Risiko.

Man subtrahiert von den Spaltenmaxima die Zellenwerte, und addiert die so gewonnenen Nachteile je Zeile. Die Zeile mit der geringsten Nachteilssumme (+3.000; +6.000; +6.000) ist zu wählen, also Strategie 1.

---

[36]   400+300+0 = 700

   -200+0+500 = 300

-400-300+1500 = 800

Jede der Entscheidungsregeln verfolgt das Ziel, mit den gegebenen Mitteln den größten Erfolg zu erwirtschaften.

Den Entscheidungsmodellen liegt die Annahme des nutzenmaximierenden homo oeconomicus zu Grunde. Man könnte auch vermuten, dass das Wirtschaftlichkeitsprinzip angewandt wird. Die Vielzahl der Entscheidungsvorschläge zeigt, dass das ökonomische Prinzip kein einfaches mehr ist, wenn verschiedene Ziele, verschiedene Handlungsmöglichkeiten, verschiedene Umweltzustände, verschieden Zeithorizonte und Unsicherheit über das Eintreten von Zuständen berücksichtigt werden.

Entscheidungen unter Unsicherheit sind Thema vieler Untersuchungen. Die bewusste oder unbewusste Nutzung der Modelle oder Regeln hängt von verschiedenen Faktoren ab, so von der Risikofreude oder -aversion der Entscheider, aber auch davon, ob Entscheidungen alleine, in Hierarchien oder in Gruppen getroffen werden.

Glauben Sie nicht, dass es nur *eine* richtige Regel gibt, aber achten Sie darauf, dass die Parameter und Einflussgrößen in Entscheidungsverfahren transparent sind. Erhöhen Sie die Glaubwürdigkeit ihrer Argumentation durch Anwendung eines Entscheidungsverfahrens. Wenden Sie ein begründetes Verfahren an.

Auch hier gilt wieder:
Berücksichtigen Sie zunächst möglichst viele Einflussfaktoren (*Sammeln*).
Stellen Sie ein übersichtliches System zusammen (*Ordnen*).
Stellen Sie *Thesen* auf.

Untersuchen Sie die Einflussfaktoren (*Untersuchung*).

Beurteilen Sie Ihr Vorgehen und suchen Sie nach Fehlern und Optimierungsmöglichkeiten in der angewandten Methode und dem Ergebnis (*Evaluation*).

9.2 Nutzwertanalyse

Manchmal oder oft liegen Entscheidungsaufgaben vor, für die es keine Zahlen gibt. Wir greifen als Beispiel auf die Standortwahl zurück. Das ist aber sehr oft der Fall, wenn man etwa an Personalauswahl, Klientenbedürfnisse, Stakeholderinteressen und ähnliches denkt.

Für solche Fälle wird die Nutzwertanalyse empfohlen, bei der Beobachtungen in Zahlen überführt werden, um sie dann einer Entscheidungsregel zugänglich zu machen.

Diese Übersetzung in Zahlenwerte kann auf verschieden Weise geschehen: über das Verteilen von Punktwerten (Scores →Scoringverfahren), Noten (Rating) oder Rangfolgen (Ranking). Eine besonders gute Differenzierung erfolgt, wenn jede Alternative nach (den gleichen!) Teilaspekten beurteilt wird, wodurch ein Punktraster entsteht. Die Teilaspekte können wiederum gewichtet werden.

Wir wollen dafür die Standortwahl als Beispiel aufgreifen:

Als erstes müssen alle möglichen Standorte ausgewählt werden.

Als nächster Schritt werden diese Faktoren selektiert, zusammengefasst oder gruppiert, um sie somit in überschaubare Argumentgruppen zu **ordnen**.

Dann sind für den geplanten Betrieb relevante Entscheidungsaspekte als Standortfaktoren zu **sammeln**. Diese können vom Arbeitsbereich (beispielsweise Behindertenhilfe, Jugendhilfe oder Altenhilfe) sowie auch von den Zielen und Visionen des Betriebes, aber auch von der gewählten Strategie abhängig sein.

Während der **Untersuchung** sind nun alle ausgewählten Argumente für jeden Standort zu bewerten, gewichten und gegeneinander abzuwägen.

Bei der Bewertung untersuchen Sie alle Standorte bezüglich der ausgewählten Argumente und vergeben nach dem immer gleichen Prinzip Noten oder Punktwerte.

Gewichten Sie nun die Argumente nach ihrer Wichtigkeit – es gibt Argumente mit mehr oder weniger wichtigen Einflüssen – und vergeben sie analog dazu Gewichtungsfaktoren, zum Beispiel als Prozentwerte.

Ebenso ist es möglich, Ausschlusskriterien festzulegen, um unerlässliche Faktoren herauszuheben.

Mit Hilfe einer *Nutzwertanalyse* können nun die möglichen Alternativen in eine Reihenfolge gebracht und somit gegeneinander abgewogen werden.

	Kriterium 1		Kriterium 2		Kriterium 3		Ergebnis
Gewichtung	0,6		0,3		0,1		
	Note	Nutz wert	Note	Nutz wert	Note	Nutz wert	
Standort A	2	1,2	4	1,2	2	0,2	2,6
Standort B	4	2,4	3	0,9	3	0,3	3,6
Standort C	1	0,6	2	0,6	4	0,4	1,6
Standort D	3	1,8	1	0,3	2	0,2	2,3

Tabelle 8: Beispiel für eine Nutzwertanalyse zur Standortwahl

Im hier aufgezeigten Beispiel sollen die Standorte A,B,C und D nach den Kriterien 1,2 und 3 bewertet werden, die Bewertung findet nach Schulnoten statt. Der jeweilige Nutzwert ergibt sich durch Multiplikation der Note mit der Gewichtung des Kriteriums. Das Ergebnis ergibt sich aus der Summe aller Nutzwerte eines Standortes. Im gegebenen Beispiel ist Standort C die beste Alternative, da hier die beste „Durchschnittsnote" erzielt wurde.

Im letzten Schritt, der **Evaluation**, besteht nun die Möglichkeit, den Prozess noch einmal zu hinterfragen, den Weg zu prüfen und unbeabsichtigte Fehler aufzuspüren.

Aufgaben ·??·

Aufgabe 1:

Auf dem Tag der Sozialwirtschaft kommen Sie mit einem Leiter einer Einrichtung ins Gespräch, sie berichten von Ihren Lernerfolgen in BWL und von Ihren Kenntnissen zur Entscheidungstheorie. Auf die Praxiserfahrungen zu diesem Thema gespannt, lassen Sie sich vom Einrichtungsleiter berichten, dass dieser für sämtliche Entscheidungen die Wald-Regel anwendet und damit immer sehr erfolgreich sei.

Beurteilen Sie die Einstellung des Einrichtungsleiters kritisch.

Welchen Rat könnten Sie geben?

Aufgabe 2:

Ein Altenheim steht vor einer Investitionsentscheidung.

Derzeit werden die Bewohner mit dementiellem Syndrom auf gemischten Wohnbereichen mit versorgt. Dies wird unter anderem aufgrund der Selbstgefährdung durch die Desorientierung der betroffenen Bewohner vom Pflegepersonal als auch von den übrigen Bewohnern als belastend empfunden.

Daher wird überlegt, einen zusätzlichen Wohnbereich für Gerontopsychiatrie zu errichten, um die Demenzpatienten besser versorgen zu können und somit auch die Attraktivität des Heimes zu steigern.

Eine weitere Möglichkeit wäre es, die Bewohner mit Demenz in einem Bereich zusammen zu versorgen. Eine Erweiterung des Hauses wäre damit nicht nötig, die Umweltanalyse, die zu diesem Thema durchgeführt wurde hat ergeben, dass die Anzahl der an Demenz leidenden älteren Menschen in Zukunft weiter ansteigen wird.

Weiterhin hat die Analyse von Umwelt und Unternehmen folgende Ergebnisse hinsichtlich der finanziellen Situation erbracht; hierzu werden die alternativen Möglichkeiten des Heims mit den eintretenden Möglichkeiten der Zukunft verglichen:

	Verbreitungshäufigkeit der Demenz		
Strategie	nimmt zu	stagniert	nimmt ab
Wie bisher	- 100.000€	- 10.000€	200.000€
Zusammenlegen	- 50.000€	40.000€	0€
Neue Station	200.000€	0€	- 300.000€

Beurteilen Sie die zur Wahl stehenden Strategien mit den Entscheidungsregeln.

Welche Regel bevorzugen Sie?

Welche Einflüsse gibt es, die doch zu einer anderen – als der von der Anwendung der Entscheidungstheorie vorgeschlagenen – Strategie führen könnten?

Aufgabe 3:

Denken Sie einige Zeit zurück, Sie haben sich entschlossen zu studieren, haben auch schon einige Studienorte mit den jeweils gewünschten Studiengängen in der engeren Auswahl, können sich aber noch nicht ganz sicher entscheiden. Listen Sie die in Frage kommenden Orte auf, Sammeln sie Argumente, nach denen die Orte bewertet werden sollen, bilden Sie dann Argumentgruppen, gewichten Sie diese und führen Sie eine Nutzwertanalyse durch.

Dazu können Sie das nachstehende Schema nutzen.

Kriterien											Ergebnis
Gewicht											
Standorte	Pkt.	NW	Pkt.	NW	Pkt.	NW	Pkt.	NW	Pkt.	NW	

Tabelle 9: Übungsschema zur Wahl des Studienortes

10 Zusammenfassung

Am Ende des Buchs haben Sie einen Überblick über die Bausteine (und Baustellen) im Haus der Sozialbetriebswirtschaftslehre erworben. Sie kennen den Auftrag des Wirtschaftens in der Gesellschaft. Sie wissen, warum zum Erfüllen dieses Auftrags Betriebe erforderlich sind. Sie wissen, dass Betriebe in erster Linie aus Menschen bestehen. Es ist die Aufgabe der Betriebswirtschaftslehre als Wissenschaft, diesen Menschen Modelle und Hilfsmittel an die Hand zu geben, damit sie ihre Aufgabe besser begreifen, kommunizieren und planen können.

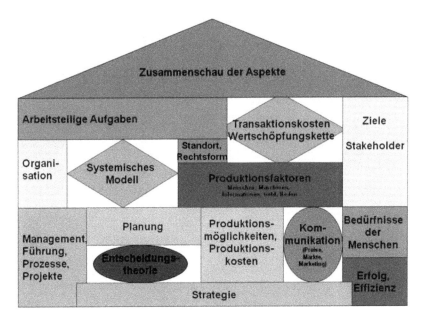

Abbildung 27: Haus der Betriebswirtschaft

Da Menschen schon sehr komplexe Wesen sind und Organisationen von Menschen noch mehr, ist es leider nicht leicht, Ihnen ein einfaches Gerüst zum Verstehen, Steuern und Lenken solcher Gebilde anzubieten. Vielmehr kommen wir auf die Vorstellung des Werkzeugkastens zurück, der eine Vielzahl von Modellen und Instrumenten bereithält, die jeweils aus einem bestimmten Blickwinkel zur Unterstützung des Managements eingesetzt werden können.

Eine zentrale Stelle nahm die Systemtheorie ein. Sie ermöglicht einen ganzheitlichen Blick auf die Unternehmung als lebendigen Organismus. Sie zeigt auf, warum in Organisationen Vielfalt und Widersprüche möglich und notwendig sind. Sie verdeutlicht das Beziehungsgeflecht nach innen und außen. Sie veranschaulicht den begrenzten Einfluss und die begrenzten Erfolgschancen starrer Vorgaben. Der Erfolg liegt in der Anpassungsfähigkeit und im Prozess.

Dem folgt die Management- und Planungslehre. Ihre Modelle sind stets an Prozessen orientiert. Die Instrumente unterstützen die Verknüpfung der Teilbereiche und die Verständigung zwischen internen und externen Zielsetzungen. Die Hilfsmittel zielen immer darauf ab, Kreisläufe anzuregen. Sie zeigen Denkmuster wie Frage und Antwort, Versuch und Irrtum, schrittweises Vorgehen in einem kontinuierlichen Verbesserungsprozess.

Auch die Organisationslehre strebt danach, der im systemischen Modell als notwendig aufgezeigten Vielfalt Rechnung zu tragen. Sie koordiniert die Subsysteme soweit als nötig. Für diese Koordination wählt sie eine Kombination aus Hierarchie und Selbstabstimmung, um den unterschiedlichen Erfordernissen gerecht zu werden.

Zielbeschreibungen, Zielklassifizierungen, Stakeholderbeobachtung, Produktionsmittelübersichten sind alles Hilfsmittel, die die Wirklichkeit vereinfacht und übersichtlich darstellen. Sie machen es leichter, sich über diese Felder auszutauschen und zu einigen. In jeder Klassifizierung stecken Annahmen und willkürliche Grenzziehungen. Sie sind notwendig, aber nicht immer wahr. Wenn man seine Entscheidungen darauf aufbaut, muss man sich dieser Unsicherheit bewusst sein.

Selbst an den Rechenmodellen und an den mathematischen Entscheidungshilfen sieht man deutlich, wie komplex die Wirklichkeit ist. Auch sie sind Vereinfachungen, die nicht behaupten, wahr zu sein, sondern nur veranschaulichen, welche Annahmen in eine Entscheidung einfließen.

Insgesamt also ist die Beschreibung der Inhalte der Betriebswirtschaftslehre ernüchternd für den, der mathematische Präzision und zwingende eindeutige Lösungen erwartet hat. Auf der anderen Seite wird der Charakter einer Sozialwissenschaft immer deutlicher. Mit ihr zu arbeiten ist spannend und reich an Abwechslung und Widersprüchen. Betriebswirtschaftslehre ist eine Wissenschaft, in der der Mensch und sein Handeln (natürlich hier nur, soweit es irgendwie mit der Gütererstellung zu tun hat) im Mittelpunkt der Beobachtung steht. Bei der Befassung mit Dienstleistungen oder gar Sozial-

Dienstleistungen kommt komplexitätserhöhend noch dazu, dass die Produkte ebenfalls Handlungen an und mit Menschen sind, von deren Mitwirkung der Produzent abhängig ist. Da brauchen die in der Sozialbetriebswirtschaftslehre eben keine einfache Einheitslösung, sondern besagten Koffer voll verschiedener Sichtweisen, Erklärungsmodelle und Handlungsinstrumente. Dafür sollten Sie einen aufschlussreichen Einstieg gefunden haben und einen grundlegenden Überblick bekommen haben. Wir hoffen, dass uns das gelungen ist.

Was sollen Sie behalten?

Grundlegendes
> ➤ Definitionen für Betrieb, Wirtschaften, Betriebswirtschaftslehre
> ➤ Verein und GmbH als typische und häufigste Rechtsformen für soziale Unternehmen (dazu häufige Irrtümer, Bedeutung der Satzung, Ausgewogenheit der Machtverteilung).
> ➤ Elemente der Organisationslehre, insbesondere zur Aufbauorganisation: Kompetenzverteilung, Delegation und Koordination.

Systemisches Betriebsverständnis
Unternehmen bestehen aus vielen Subsystemen mit unterschiedlichen Umweltausschnitten und verfolgen daher auch immer ein Bündel widersprüchlicher Ziele.
Ziele sind Ergebnisse eines dauernden Aushandlungs-Prozesses zwischen allen am Betrieb beteiligten. Niedergelegte Leitbilder haben kulturelle, psychische und Marketing-Gründe und sind als solche nützlich. Sie müssen aber nicht den tatsächlichen Zielen entsprechen.

Managementverständnis

Kreislaufgestaltung und Prozessdenken (Zelte statt Paläste), tauchen in allen Themen immer wieder auf und ist Grundlage des Managementverständnisses. Management arbeitet im Spannungsfeld zwischen notwendigen Vorgaben und gewünschtem kreativen Prozess mit vielen Beteiligten. Controlling bedeutet Steuerung. Die Lehre vom Controlling ist eine Sammlung möglicher Verfahren und Hilfsmittel, die den Kreislauf von Planung – Durchführung – Kontrolle – und Anpassung unterstützen.

Entscheidungsverfahren

Verfahren unterstützen ein systematisches Vorgehen, die Vollständigkeit (Sammeln, Ordnen, Bewerten), das Kenntlichmachen von Risiken und von Unbekannten.

Sie stehen in einem Spannungsfeld: einerseits Bewusstheit der Unsicherheit, andererseits trotzdem gründlich recherchieren und transparent machen.

Planung

Planungen sind Teil des Managementhandelns. Planung hilft die Komplexität des Betriebs und seiner Aufgaben zu reflektieren. Planung muss aber sehr differenziert eingesetzt werden.

Strategisches Management verbindet viele der oben genannten Erkenntnisse.

➢ Es hilft Managementhandeln zu sortieren nach Wichtigkeit.

➢ Es fördert Kreislaufdenken.

➢ Es berücksichtigt stark die Unsicherheiten durch ständige begleitende Kontrolle.

➢ Es verknüpft Innensicht und Außensicht (entspricht Subsystem und Umwelt).

➢ Es regt die Befassung mit Zielen und Visionen an.

➢ Es trägt zur Planungsdifferenzierung bei.

➢ Ein Modell, wie der strategische Prozess nach Steinmann/Schreyögg, unterstützt wesentlich die Strukturierung der Managementtätigkeit und sollte immer präsent sein.

Methoden

Ein wichtiges Hilfsmittel ist die Sortierung der Aufgaben eines Unternehmens in: *konstitutiv – strategisch – (taktisch) – operativ*

Lieber einfache Methoden wählen, um Prozesse in Gang zu halten und auseinanderlaufende Tendenzen zu koordinieren, als auf die ultimative Controlling-Software zu warten: Nehmen Sie Excel-Tabellen, Pinnwand, Mapping, Plausibilitätsrechnungen.

Versuchen Sie Immer „neben sich zu stehen" und von der Metaebene aus nicht den Inhalt zu prüfen, sondern die Vorgehensweise, das Eignung der Methoden, die Erfordernisse der Situation prüfen. (Reflexion, Evaluation)

Literaturverzeichnis

- Bea, F. X., Dichtl, E., Schweitzer, M. (2000). *Allgemeine Betriebswirtschaft* (8. Ausg., Bd. 1). Stuttgart.

- Cyert, R. M.; March, J. G. (1995): *Eine verhaltenswissenschaftliche Theorie der Unternehmung.* Stuttgart.

- Forschner, M. (2002). Erfolg. In O. Höffe (Hrsg.), *Lexikon der Ethik* (6. Ausg.). München.

- Henderson, J., & Quandt, R. (1983). *Mikroökonomische Theorie.*

- Jost, P.-J. (Hrsg.): (2001) *Der Transaktionskostenansatz in der Betriebswirtschaftslehre.* Stuttgart.

- Jungermann, H., Pfister, H.-R., Fischer, K. (2005). *Die Psychologie der Entscheidung. Eine Einführung.* (2. Auflage). Heidelberg.

- Kieser, A., Ebers, M. (2006). *Organisationstheorien.* (6. Auflage) Stuttgart.

- Lorenz, K. (1980). *Vom Weltbild des Verhaltensforschers.* München.

- Miller, B. (2007): *Steuerungs- und Vergleichszahlen für Organisationsentscheidungen im hauswirtschaftlichen Bereich der stationären Altenhilfe.* Kempten.

- Musgrave, R., et al. (1994): *Die öffentlichen Finanzen in Theorie und Praxis.* Tübingen.

- Sauermann, H. (1972). *Einführung in die Volkswirtschaftslehre.*

- Schneider, D. (2004). *Grundlagen der Betriebswirtschaftslehre.* Norderstedt.

- Schreyögg, G. (2003). *Organisation. Grundlagen moderner* Organisationsgestaltung. (4. Auflage) Wiesbaden.

- Wendt, R. u Wöhrle, A. (2007). *Sozialwirtschaft und Sozialmanagement in der Entwicklung ihrer Theorie.* Augsburg.

- Wildmann, L. (2007). *Einführung in die Volkswirtschaftslehre, Mikroökonomie und Wettbewerbspolitik.* München.

- Wöhe, G. (2005). *Einführung in die Allgemeine Betriebswirtschaftslehre* (22. Ausg.). München.

- Woll, A. (2007). *Volkswirtschaftslehre* (15. Ausg.). München.

- Zacher, J.: *Marktillusion in der Sozialwirtschaft.* In: Recht der sozialen Dienste und Einrichtungen RsDE Heft 58

Abbildungsverzeichnis

Tabellenverzeichnis